8割の「できない人」が
「できる人」に変わる!

行動科学マネジメント入門

行動科学
マネジメント研究所
所長 Jun Ishida
石田淳

ダイヤモンド社

8割の「できない人」が「できる人」に変わる！
行動科学マネジメント入門

目次

プロローグ　なぜ、部下が育たないのか？　1

3章　「良い行動」を繰り返すには？——正しく続けてもらう技術　85

4章 部下を伸ばす三つのスキルと四つのツール 123

エピローグ　行動科学で自分自身もケアしよう

プロローグ

なぜ、部下が育たないのか？

プレーヤーからマネジャーになるために

「会社からのすすめでとくに期待もせずに参加したけれど、目からウロコが落ちた。部下育成って、**実はすごくシンプルなこと**だと気づきました」

「プレーヤーとしてはそこそこ自信があったのに、マネジャー業務がうまくこなせないことで悩んでいました。僕がダメだったのは、**具体的にどうしたらいいか**を教えていなかったからなんですね」

「明日からさっそく活用したい。このセミナーに参加しなければ、**大事な部下を仕事ができないと切り捨ててしまうところでした**」

課長クラスなど、管理職向けに「行動科学マネジメント」のセミナーを開催すると、こうした感想がたくさん私のもとに届けられます。

いかに多くの人たちが「部下育成」で苦しんでいるか。セミナーを開催するたびに、私はその現実に驚くことになります。

しかも、新しく部下を持った新米マネジャーは、ゆとり世代と呼ばれる、自分とは価値観の違う若者たちを育てることになり、その悩みは深刻です。

それまでプレーヤーとして活躍してきた人は、「優秀だ」と評価されたからこそ、マネジャーになり、部下指導という仕事もまかされます。ところが、プレーヤーとマネジャーはまったく仕事の質が違うため、できるプレーヤー、イコール、できるマネジャーとは限りません。

しかも、日本企業の場合、マネジャーになってもプレーヤー、つまりプレイングマネジャーであり続けなければなりません。

「もっと自分の部署の業績を伸ばせ！」

「早く自分の部下を育てろ！」

この両立しがたい二つの目的を達成することを求められているのが、あなたなのです。

1　自分も活躍して業績アップに貢献し

2　部下もきちんと育てる

この両方の課題を、会社から与えられた期間内にいかにきちんとやり遂げるか。あなたには、それが問われているわけです。

企業間の競争がグローバルに激化し、国内外の大企業、中小企業を問わず、日々変化に襲われている中で、売上を立てながら、どう部下たちを育成していけばいいのか？

これは、いわゆる「頑張り」という精神論で解決できる問題ではありません。精神論に走れば走るほど、部下育成の本質を見失っていきます。

精神論に陥る過ちを犯すことなく、いかに科学的に部下育成に取り組むか。本書で私は、それを提示していきたいと思っています。

本書で紹介する「行動科学マネジメント」は、**人のやる気や態度や性格など、曖昧でバイアスのかかりやすい要素に頼ることなく、行動に着目する科学的な手法**です。

すべての結果は行動の集積。この事実に基づいて、**良い行動を増やし、悪い行動を減ら**

すのが行動科学マネジメントです。

優秀なマネジャーとは、部下に「良い結果を出せ」と言うのではなく、「良い結果を出す良い行動」を取らせることができる人です。具体的な「行動の指示」が出せる人です。

しかも、どうすれば部下が自発的に良い行動を取ってくれるかを理解しています。良い行動も悪い行動も、「行われる理由」があります。その理由を、部下のやる気や態度や性格といったことに見いだそうとしてはダメなのです。

行動科学マネジメントは、そこに科学的分析を用いるから、どの部下にも同じような良い行動を取らせることができ、良い結果を出させることができます。

本書で行動科学マネジメントを学べば、あなたはきっと優秀なマネジャーに変身することになるでしょう。

「どうしてできない？」から「どうすればできるようになるのか？」へ発想を変える

私自身、幅広く事業を営む中で、部下を育てるのに非常に苦労した経験があります。

自分ができることを彼らができないでいると、決まって思ったものです。

「なんでこんなことができないのか！」

そして、とにかく自分のマネをさせようと、あれこれ指示を出し、自らのやり方を押しつけては大勢の優秀な人材を辞めさせる結果となりました。

そうしたことを繰り返しているとき、私はアメリカで行動科学マネジメントの理論に出会い、自分の間違いに気づきました。

私は、一生懸命、教えているつもりでいたけれど、それは具体的な「行動の指示」ではなく、「やる気の喚起」という極めて曖昧な根性論にすぎなかったと。

そしてまた、「人はなぜ動くのか」という理由は、個々人まったく違うのだから、自分を基準に考えてはいけないのだと。

この気づきを得てからというもの、私は、「なぜ彼らはできないのか？」という発想から、**「どうすれば彼らはできるようになるのか？」**と考えるようになりました。そして、少しずつ上手な部下育成ができるようになっていったのです。

私は、自分自身を大きく変えてくれた行動科学マネジメント理論を、日本企業に広く導入する必要性を強く感じ、日本で唯一、行動科学メソッドを提供できる『ＡＤＩライセンス資格』を取得しました。現在では、多くの大企業、中小企業における人材育成のお手伝いをしています。

そうした仕事を通して、いまでは、「人の育成とはなんと面白いものか」と心から思えるようになりました。

仕事ができなかった若い人たちが、できるようになっていくのはもちろん嬉しいことですが、なによりもマネジャーが成長する姿を見るのは最高の気分です。

最初はひどく悩んでいたマネジャーが、「部下育成ってすごく楽しい」と気づいてくれたときには、このうえない喜びを感じます。

そう、部下育成とは、本当に楽しいものなのです。

もともとプレーヤーとして有能だったから、あなたはいまの地位にいます。そんなあなたとしては、マネジャー業の大変さに疲れてしまい、また一プレーヤーに戻りたいと思うこともあるかもしれません。

しかし、それで通用するのは若いうちだけ。企業は有能なプレイングマネジャーを必要としています。マネジメント力のない人間は、生き残れない時代なのです。

逆に言えば、**プレーヤーとしての能力を充分に備えたあなたが、マネジメントに必須の科学的思考法を身につければ、どこに行っても通用します。**

いま、どれほど大変だとしても、それは絶対に経験したほうがいい苦労であることは間違いありません。人に教えるという作業は、自分の仕事をあらためて見直すことでもあり、大きな勉強になります。

あなたが置かれている状況を、どうかチャンスと捉え、行動科学マネジメントで大きな成長を遂げてください。

ゆとり世代をどう育てる？

はじめて水泳を学ぶ子どもに、どうやって教えるのが一番いいでしょうか？

読者の中には、厳しい父親からいきなりプールにドボンと突き落とされた経験を持つ人もいるかもしれません。

もちろん、親は溺れそうになったらちゃんと助けてくれます。それでも、子どもとしては必死で、ばたばた手足を動かしているうちに、水に浮く方法がわかり、やがて泳げるようになっていきます。

だから、この教え方が間違っていたわけではないのです。

しかし、いまの時代にこれをやると、多くの子どもは怖がって、二度とプールに入ろうとしなくなります。

同じようなことが、企業の部下育成においても言えます。

かつては、右も左もわからない新人のうちから、いきなり飛び込み営業に行かされたり、クレーム対応をさせられたりということがよくありました。

スパルタ教育を受ける部下のほうも、「いまはとても大変だけれど、これを乗り越えなければ一人前になれない」と考え、必死で頑張るしかなかったのです。

そして、頑張った結果、実際に仕事ができるようになりました。

ところが、いま、同じやり方で部下を指導しようとしたら失敗します。

上司の厳しい愛情は部下には通じず、多くが辞めてしまうか、心を閉ざしてしまうでしょう。よく言われているように、ゆとり世代はストレス耐性がひどく脆弱で、上司の予想を超えた「傷つき方」をするのです。

もちろん、すべての部下たちを一括りにすることはできません。もともと勘のいい二割くらいの人たちは、そうしたやり方でもなんとかついてきて、早い段階から仕事もこなせるようになります。しかし、残りの八割の人たちは、恐がって行動そのものをとらなくなります。水泳だったらプールに入るのをいやがるように、ビジネスだったら営業すること自体を避けるようになっていきます。

だから、ますます仕事を覚えるのが遅れてしまうのです。

そして、なにより問題なのは、そうした**「無謀な」指示を出した上司を、彼らが嫌いになり、心を閉ざしてしまうこと**です。

ここが、ゆとり世代の非常に難しいところです。

上司としては、仕事を覚えさせたいからこその指示であり、ビジネスの場で、好き嫌いなんて持ち出されてはかないません。

しかし、彼らは親にすら「無謀な」注文は出されたことがないのです。だから、それを求めている側の愛情は理解できません。

これは、「どちらが正しいか間違っているか」の問題ではなく、「そういうものだ」と割り切って、教え方を変えていくしかありません。

感覚の違いがあるときほど、相手の感情や態度といったことを気にしがちなのですが、それをすればするほど溝は深まり、修復がきかなくなっていきます。

ゆとり世代を育てるときこそ、彼らの感情や態度ではなく、「行動」にフォーカスする本書の方法が有効です。

できる部下に頼ってはいけない

「いきなりプールにドボン」方式の教え方は、八割の部下たちには通用しないけれど、器用な二割の部下には通用します。いつの時代でも、最初から「使えるヤツ」は存在するのです。

よく言われる「2：6：2の法則」にあるように、どこの職場でも、どの世代でも、優秀な二割と、普通レベルの六割と、問題のある二割がいます。

こうした状況で、多忙なプレイングマネジャーであるあなたは、どうしても優秀な二割の働きに頼りたくなるでしょう。

数名の部下がいれば、その中に一人は、仕事もできて、あなたの意向を汲むのも早い部下がいるはずです。となれば、なにかにつけてその優秀な一人に大事な仕事を振りたくなる気持ちもわかります。

しかし、これは結局、自分のクビを絞める結果となります。残りの人たちがいつまでも成長しなくては、あなたと使える部下が忙しくなるばかりで、チームとしての業績はあまり上がりません。

八割の部下が、「とても使える」人にまでならなくても、「そこそこ使える」人になってくれれば、全体の底上げが図れます。それができたら、間違いなく総売上は伸びます。

マネジャーに求められているのは、部署の業績アップと部下の教育でしたね。一部のできる部下に頼っていると、実はこの両方が疎かになるのです。

ある自動車販売会社のマネジャーは、ここに気づくことができずにいました。

彼は、部下の誰よりも多くの顧客を抱えていました。本来であれば部下たちにその顧客を担当させ、自分はマネジメントに没頭したいところです。しかし、一部の優秀な部下以外がなかなか育ってくれないため、顧客をまかせられないでいたのです。

毎日、顧客対応に追われ、部下を育てたくてもその時間が取れない……。そんなマネジャーを見て、部下のほうも遠慮して、面倒な相談を持ちかけないようになりました。

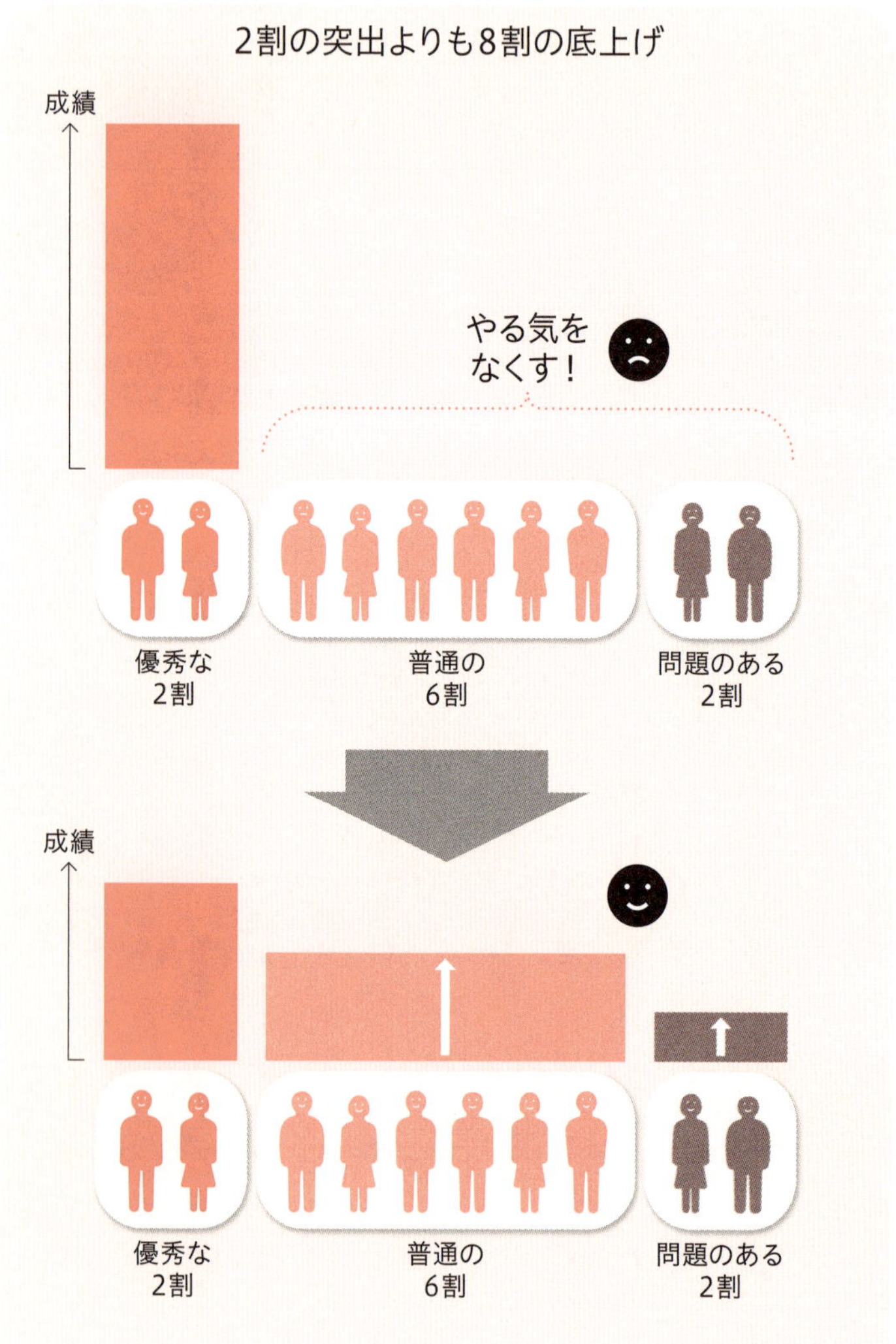
2割の突出よりも8割の底上げ
成績
やる気をなくす！
優秀な2割
普通の6割
問題のある2割
成績
優秀な2割
普通の6割
問題のある2割

「僕は部下に支えられて仕事をしています」

本人は苦笑いしていましたが、それはもはやマネジャーの姿ではありません。彼は一人の**有能なプレーヤーに逆戻り**しているのです。

その結果、年度末の人事考課で、彼の「部下育成」の項目は最低評価。部下教育がまったくできていないと判断されてしまいました。

「オマエはなにをやっているんだ。役職手当をもらう意味がわかっているのか？」

上司からのこんな叱責は、必死で売上を伸ばしている彼にしてみれば不本意かもしれません。しかし、会社としては当然のことです。


もともとプレーヤーとして優秀であった人ほど、こうした過ちを犯します。いま、目の前の業績アップを求められているために、つい、自分と一部の優秀な部下でそれを成し遂げて満足してしまうのです。

しかし、一部の優秀な部下は、優秀であるがゆえに、他社に引き抜かれてしまうかもしれません。出世して、独立した部署へ異動するかもしれません。そのとき、ほかの部下たちが育っていなければどうなるでしょう？

それに、全体の底上げをしなくては、必ず壁にぶち当たる日が来ます。

これまで、優秀な二割の部下が八〇件の契約を、凡庸な八割の部下が二〇件の契約を取っていたとして、優秀な部下の契約数をこれ以上伸ばすのは限界があります。

しかし、凡庸な部下が一人五件ずつ契約を増やしていけたら、部署としての業績は大きくアップします。

一部の部下に頼らずに、全体で業績アップを図っていけるチームをつくることが、あなたに求められている両立しがたい二つの要素、

1 自分も活躍して業績アップに貢献し

2 部下もきちんと育てる

を成し遂げる唯一の方法なのです。

そのためには、八割の部下の底上げこそ最重要。

あなたの目には、あまり仕事ができそうもなく映る部下たちに、これからはきちんと結果を出してもらいましょう。

1章

「できない人」の理由は二つだけ

「私のマネをして」は伝わらない

ある営業職のマネジャーは、取引先との打ち合わせや、顧客訪問の際に部下を同行させて一対一の教育を心がけていました。自分の持っているスキルを惜しみなく見せて、そのままマネできるようにと考えていたのです。

「なるほど、そうやるんですね。勉強になりました」

部下はマネジャーのやり方を見て感心し、自分も同じようにやればいいのだと納得した様子です。

ところが、実際に同じことを部下にやらせてみると、全然うまくいきません。マネジャーからすると「それだけは、はずさないでくれ」と思うような段取りや言葉が抜けていたり、説明の順番がバラバラだったりして、営業にならないのです。

「いったい、なにを見ていたのか？」

マネジャーはがっかり。自分の教育方法にすっかり自信を失ってしまいました。

それにしても、なぜ、ＯＪＴで手取り足取り教えるだけでは不充分なのでしょうか？教わる部下たちの態度が悪いから、上司がいくら教えても、彼らは仕事ができるようにならないのでしょうか？　彼らにはやる気がないのでしょうか？

いいえ、そうではありません。いくら教えても彼らが仕事ができずにいるのは、彼らの態度ではなく、上司の伝え方に原因があるのです。

いまどきの部下たちに根性論をかざしても意味がないと知っているリーダーは、「仕事は自分で覚えろ」なんて乱暴なことは言いません。「僕をマネしてみて」「私のようにやってみて」という方法をよくとります。

これ自体は、悪いことではありません。リーダー本人や、優秀な人間のマネをさせるのは、チーム全体の底上げを図る非常にいい方法です。

しかし、これまた、普通の部下たちにとっては厳しい注文なのです。**マネできるくらいなら、最初から苦労はしません。**部下たちは「マネをするためのコツを教えてほしい」のに、それは示されずに結果だけをマネしろと言われているのに等しいのです。

いま、マネジャー職にいる人たちは、基本的に優秀だからこそ、その地位にいます。あなたも同様です。

そんなあなたにとって、「できること」はすでに習慣化されていて、そこに特別な理由などありません。だから結局、「どうやればできるのか」を、あなた自身うまく理解できていない可能性大なのです。それでいながら、部下に「マネしてみて」と求めるのは、無理な話だと思いませんか？

たとえば、カラオケが下手な人が、上手な人をどうやってマネればいいのでしょう。上手な人は、すでに高度な歌い方が習慣化しているので、そのコツを問われてもうまく答えることができません。

「その歌手になりきって歌えばいいんだよ」

などと、極めて曖昧なことを言い出すのがオチです。これでは、下手な人はどうしようもありません。

それと同じように、営業が上手な人は、自分では具体的に教えているつもりで、部下にとってはとてつもなくわけのわからないことを言ったりするのです。

「お客様のことを考えて接していれば、自然と結果はついてくるさ」

しかし、「お客様のことを考えて接する」とは、具体的になにをすることなのか、未熟な部下には理解できないのです。

こうした抽象的な指導は、部下たちからしてみれば結局のところ、「わかるまで自分で考えろ」と言われているのと同じことなのです。

ただでさえ忙しいあなたは、「マネをするためのコツを細かく教える」ことまで求められたら、「冗談じゃないよ」という気持ちになるかもしれません。「そこまで示してやらなければいけないのか！」と。

しかし、逆に考えてみれば、こちらの**伝え方さえ変えれば、必ず彼らはできる人間になる**ということです。つまり、**部下が育つか育たないかの決定権は、部下ではなく間違いなくあなたが握っている**のです。

優秀なプレーヤーでいればよかった時期とは、会社から求められているものが違うということをもう一度認識し、行動科学マネジメントを活用して、部下育成という課題に挑戦していきましょう。

部下ができない理由は二つだけ

あなたの部下がなかなか結果を出せないでいるとき、その理由はどこにあるのだと考えますか？

もともとの能力が欠けているのでしょうか？

それとも、やる気がないからでしょうか？

いいえ、あなたの部下がなかなか結果を出せない理由は、次の二つしかありません。

1　仕事のやり方がわからない

2　やり方はわかっていても続け方がわからない

つまり、仕事ができない部下は、仕事の「やり方」もしくは「続け方」を正しく教わっていないだけ。あなたは教えたつもりでも、部下にとってはそうではないのです。

まずは、このことを認識してください。

まず、「１」についてですが、実際に入社数年経っても仕事のやり方をわからずにいる社員はいくらでも存在します。

それを知って、「いまさらなにを言っているんだ」と切り捨ててしまってはいけません。その社員がわからずにいたのは、**正しく教えられていなかったから**です。正しく教えてほしいのに、それをしてもらえなかったのです。

たとえば、営業活動を行うにあたって、「身だしなみに注意しろ」「挨拶をきちんとしろ」「お客様のニーズを正確に把握しろ」などと教えたのでは、部下にはまったく理解されないと思ってください。

営業活動中の「挨拶をきちんとする」というのは、なにをどうすることなのか具体的に示さなくては教えたことにはなりません。

- 社名と名前を聞き取りやすく言えているか

・相手の目を見ているか
・お辞儀の角度はどのくらいか
・自分の名刺をどう出せばいいか
・相手の名刺をどう受け取ればいいか

こうしたチェック項目を具体的に提示してはじめて、部下たちは営業における挨拶の方法がわかるのです。

さらに、「2」は見落とされがちです。仕事のやり方は教えても、**続け方**を教えているリーダーは少ないのです。

「仕事のやり方がわかっているなら、あとはそれを続けるのは本人の意思次第だろう」と、あなたも思うかもしれません。しかし、続けるというのは、そう簡単なことではありません。ここが、部下たちが結果を出せない大きなポイントなのです。

良い結果は、良い行動の集積によって生まれます。どのような行動が良い行動なのかという、仕事のやり方を知っている部下でも、続けられなければ結果につながりません。

顧客訪問はしてみたけれど、契約を取れるまでいかないというのは、まさに顧客訪問を続けられないからです。

仕事以外に目を向ければ、あなたにも、思い当たるところはあるはずです。

たとえば、ダイエットしようというとき。食事制限をするか運動をするかのバリエーションである、その「やり方」は充分にわかっていても、続けられないということがあったでしょう。

禁煙はどうでしょう？　禁煙の方法なんて誰でもわかります。タバコを吸わなければいいのです。あるいは、タバコの代わりにガムを噛んだり、ニコチンパッチを皮膚に貼ったりする方法もあります。そうしたやり方はいろいろ知っているのに、それを続けられないから禁煙できないのです。

こんなとき、あなたは「なんて意志が弱いんだ」と自分を責めたかもしれませんが、それは間違い。意志の問題ではなく、あなたは、続け方がわからなかっただけです。

それと同じことが、部下の仕事で起きています。

繰り返し強調しておきます。あなたの部下が結果を出せずにいるのは、本人に能力がないからでもないし、やる気がないからでもありません。

1　仕事のやり方がわからない

2　やり方はわかっていても続け方がわからない

この二つのどちらかにすぎません。それを解決してあげることが、部下育成には必須なのです。

部下の「やる気」に期待してはいけない

ここまで読んできて、「行動科学マネジメントの理論は、ちょっと部下に対して甘すぎない？」と感じたなら、いまこそあなたは発想転換をするときです。

もしかしたら、あなたは部下の「やる気」に期待しすぎていたのではないでしょうか？　やる気さえあれば、仕事をわからないままにしておかないだろうし、やる気さえあれば続けることなど簡単だろうと。しかし、それは、かなり見当違いな期待なのです。

ここで私は、「あなたの部下にはやる気がないのだから、そんなものに期待してはいけない」などと言いたいのではありません。やる気といった曖昧なものを基準に考えていたら、いつまでたっても部下が正しく動けないということに気づいてほしいのです。

行動科学マネジメントでは、**仕事ができないということは、「仕事にとって重要な行動が取れていないだけ」**だと考えます。

間違っても、「仕事をなめているから」「だらけているから」などといった、相手の気持ちや態度にその原因を見つけようとしてはいけません。

「態度を改善させよう」という姿勢で臨めば、やればやるほどあなたの努力は空回りしますし、部下の能力も発揮されずに終わります。


あなたと部下は、もともと別の人格です。別の人格における「やる気」など、正確に推し量れるはずがありません。

無理にそれをやろうとすれば、必ず誤解が生まれます。誤解をもとに教育を行えば、あらゆることに齟齬が出てきます。当然のことながら、部下のあなたに対する信頼感は醸成されません。

また、上司が部下の態度に不満を感じてしまえば、その部下がなにをやっても、たとえ良い行動をとっても、正しい評価を下すことが難しくなります。これは、マネジャーとしてのあなたの価値を著しく落とす行為です。

あなたがすべきはそういうことではなく、行動に着目して、部下が取るべき良い行動を具体的に示し、部下を仕事ができる人間に変えることです。

「育成」のヒントは具体的な行動の中にある

人が結果を出せない理由を踏まえて、行動科学マネジメントでは、大きく二つの流れで部下を育成していきます。

1　仕事のやり方を正しく理解し、正しく行動してもらう＝やり方を教える

2　その正しい行動を、正しく続け習慣化してもらう＝続け方を教える

このために、いろいろなツールも用います。具体的には後述しますが、「チェックリスト」「ポイントカード」などのツールを積極的に活用します。

こうした横文字のツールや、「行動科学」という言葉から、機械的で人間味のない育成法だと思われるかもしれませんが、実際はまったく逆です。

行動科学マネジメントは、その基礎を、生身の人間の行動に置いています。


「売上を立てられる部下に育てよう」

「部下のサービスレベルを向上しよう」

などとあなたが考えたとき、そのヒントはいったいどこに探せばいいでしょう。

インターネット情報でしょうか？　成功者が書いたハウツー書でしょうか？

いいえ、すべては、あなたの**部下の行動の中**にあります。

行動科学マネジメントでは、徹底した「分解」「観察」「計測」などを行いますが、分解するのも観察するのも計測するのも、生身の人間の行動です。

業績を伸ばすためのヒント、部下を育成するためのヒントは、すべて自分の周りの生身の人間が持っているのだということに気づけないリーダーは、なにかにつけ、別のところにある成功例に頼ろうとします。

成功者の手法を取り入れるのは悪いことではありませんが、その前に、まずは最も大事な自分の部下たちに目を向けていきましょう。彼らの行動をバイアスをかけずに観察すれば、そこに、部下を育て、チームの業績を伸ばすヒントが浮かび上がってくるはずです。

「伝える」ために必須の「行動の分解」

なかなか結果を出せずにいる部下たちに、あなたや仕事ができる部下のように動いてもらうために、これからあなたは、彼らをじっくり観察することになります。

そして、**「結果を出している部下や自分はやっているけれど、結果を出せずにいる部下に欠けている行動」**をあぶり出し、それを伝えていくことになります。

それには、一連の仕事の流れを、細かい行動に分解していくことが必要です。「マネしてみて」が通用しないのは、一連の流れの中にある細かい行動が見えないために、具体的にどう動いていいかわからないからなのです。

「しかし、行動を分解するってどうすればいいんだろうか？」

この、あなたの疑問に答えるために、いまから一つのワークをやってみましょう。

ペットボトルの水をコップに注ぐ

「ペットボトルの水をコップに注ぐ」という動作について、できるだけ細かく分解してみてください。

- ペットボトルを手に取る
- ペットボトルのキャップを開ける
- コップを手に取る
- 水を注ぐ

もしかしたら、このくらいにしか分解できなかったのではないでしょうか？

行動科学マネジメントを理解していれば、少なくとも二七個の行動に分けて考えることができます。すなわち、以下のようなものです。

1　ペットボトルを見る。
2　ペットボトルに利き手と反対の手をのばす。
3　ペットボトルをつかむ。

4 ペットボトルを引き寄せる。
5 利き手でキャップをつかむ。
6 キャップを時計と反対回りに回して開ける。
7 キャップをテーブルに置く。
8 利き手でペットボトルをつかむ。
9 ペットボトルを上げる。
10 利き手と反対の手でコップをつかむ。
11 コップを引き寄せる。
12 ペットボトルをコップの上に移動させる。
13 ペットボトルの口を下にして傾ける。
14 水が少しずつ出てくる角度で止める。
15 コップとペットボトルを交互に見る。
16 コップの八分目くらいまで水が入ったら、ペットボトルを垂直に戻す。
17 利き手と反対の手をコップから離す。
18 ペットボトルをテーブルの上に置く。

19　ペットボトルから手を離す。
20　利き手でキャップをつかむ。
21　利き手と反対の手でペットボトルをつかむ。
22　キャップをペットボトルの口まで移動する。
23　キャップをペットボトルの口にかぶせる。
24　キャップを指でつかむ。
25　キャップを回して閉める。
26　キャップから手を離す。
27　ペットボトルから手を離す。

「ここまで細かく分解すべきなのか」と驚かれたのではないかと思います。

私たちは子どもの頃からペットボトルの飲料を毎日のように口にし、その扱いに慣れています。しかし、ペットボトルもコップもはじめて見る人にとっては、なにをどうやれば「ペットボトルの水をコップに注ぐ」という結果になるのかわかりません。行動科学マネジメントが、いかに行動分解を大事に考えているか、おわかりいただけたでしょうか。

あなたの仕事の行動分解をしてみよう

ペットボトルのワークを終えたところで、今度は、あなたの仕事を分解してみましょう。

たとえば、「新商品を顧客に売る」という営業の仕事ならばどうでしょう。

- テレアポとり
- 提案書作成
- 事前準備
- 訪問と面談
- 課題の聞き取り
- 次回訪問のアポ取り
- 見積もり作成

- 再訪問
- クロージング

おそらく、このような行動があることは、あなたもすぐにわかったでしょう。

しかし、これではまったく不充分で、それぞれの仕事をさらに細かく分解していく必要があります。

「テレアポとり」の中には、「社名と名前を名乗る」「いま電話で話していいかどうかうかがう」「簡単な商品説明を行う」「訪問してさらに説明させていただきたいとお願いする」「日時の都合をうかがう」など細かい作業があります。

「事前準備」の中にも、資料や持参する物や身だしなみチェックといったことから、ロールプレイでお客様からの質問を想定しておくことなど、さまざまな重要事項が細かく存在します。

職種によっては、仕事をただ頭から分解していくだけでなく、**大分類・中分類・小分類などに分けながら細分化していく必要**も出てきます。

たとえば、営業で必須の「身だしなみを整える」ということを考えてみましょう。

ベテランのあなたなら「身だしなみを整える」という、いわば大分類だけで全部できるでしょうが、部下はそうではありません。

もっと具体的な行動に分解する必要があります。

そこで、中分類として「服装の乱れがないか」「清潔感はあるか」「相手に不快感を与えないか」などというものを立ててみます。

すると、それら中分類から、さらに小分類を導き出すことができます。

「服装の乱れはないか」

- ネクタイの結び目が緩んでいないか
- ズボンの折り目はついているか
- ポケットがふくらんでいないか

「清潔感はあるか」

- シャツの袖口が汚れていないか

大分類から小分類へ落とし込む

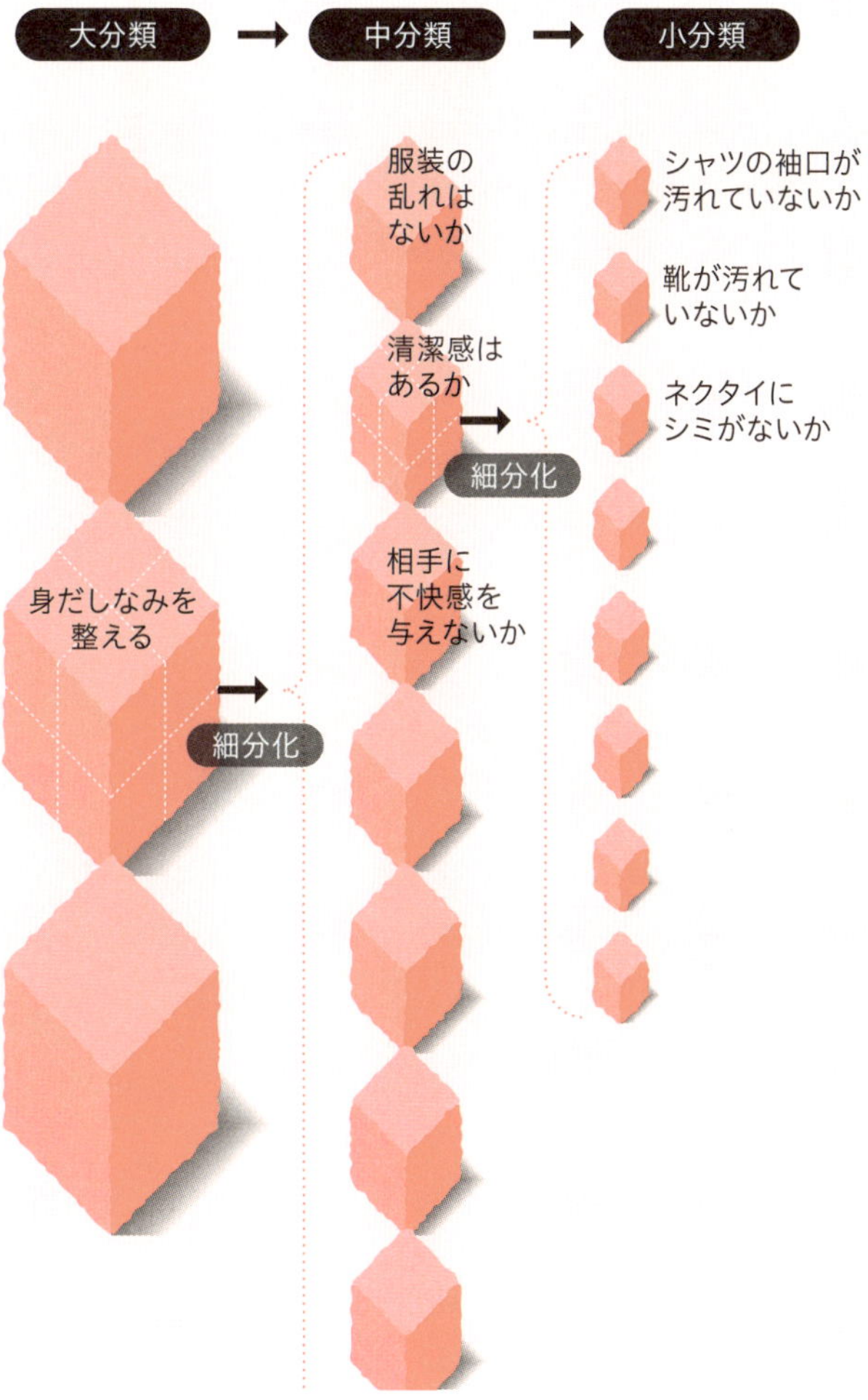
大分類
中分類
小分類
身だしなみを整える
細分化
服装の乱れはないか
清潔感はあるか
相手に不快感を与えないか
細分化
シャツの袖口が汚れていないか
靴が汚れていないか
ネクタイにシミがないか

- 靴が汚れていないか
- ネクタイにシミがないか

「相手に不快感を与えないか」

- フケが落ちていないか
- ヒゲのそり残しはないか
- 口臭がしないか

まだまだ考えられるでしょう。こうした小分類に落とし込めば落とし込むほど、「身だしなみを整える」とはどういうことなのか、部下は理解しやすくなります。

業績に直結する重要行動、ピンポイント行動とは？

さて、ここまでで「行動を分解する」ということについては、理解が進んだのではないかと思います。

しかし、細かく分解した行動を「片っ端からすべてやらせる」のでは時間がいくらあっても足りません。「自分の部署の業績も伸ばしつつ、早く部下を育てろ」と求められているあなたにとって、そんな悠長なことはやっていられないでしょう。

ここで、私が先ほど述べたことを思い出してください。これからあなたが「結果を出している部下や自分はやっているけれど、結果を出せずにいる部下に欠けている行動」をあぶり出し、それを伝えていくことになると述べたことを。

一連の仕事の流れを行動に分解して眺めてみれば、それらの行動の中には、売上に直結する重要な行動と、比較的、重要でない行動が含まれていることに気づくでしょう。

そして、**結果が出せない人というのは、これら重要な行動が取れていない、もしくは続けられていない**場合が多いのです。

あなたが取れていて、部下に抜け落ちている重要な行動、業績に直結する行動を、行動科学マネジメントでは「ピンポイント行動」と呼んでいます。

それを拾い上げ、明確に指摘すれば、どんな部下も同じような結果を出せるようになります。つまり、ピンポイント行動を知ることで、伸び悩んでいた部下が大きな成長を果たすことになるのです。

あなたの部下が、なかなか結果を出せないでいるとき、その部下はさぼっているわけではないはずです。それなりに一生懸命やっているのに結果につながらず、苦しんでいるのではないかと思います。

それは、**ピンポイント行動を見落としているだけ**なのです。

限られた時間で部下を育て、業績も伸ばしていくためには、いかにしてピンポイント行動を見つけ出し、指導項目の中にそれを落とし込んでいけるかが、あなたの腕の見せ所となります。業績と直結しないことばかり指導していても、なんにもなりません。

ピンポイント行動の抜き出し方

あるレストランで、新しくやってきた店長が、行動科学マネジメントの手法を用いてフロア係のアルバイトを再教育することになりました。

そのレストランでは、あるアルバイトが入っているときは売上が伸びることがわかっていました。

店長は、まずごく普通のアルバイトの行動を観察してみました。すると、彼らの行動は大ざっぱに次のように分解できました。

・お客様が来たら「いらっしゃいませ」と挨拶をする
・「何名様ですか？」とお客様の人数を聞く
・禁煙席か喫煙席かの希望を聞く

・お客様をテーブルまで案内する
・人数分の水とおしぼりとメニューを持ってテーブルへ向かう
・水を一人ひとりに配る
・おしぼりを一人ひとりに配る
・メニューを渡す
・「お決まりになりましたらお声かけください」と言っていったん下がる
・注文を聞く
・できた食事をテーブルに運ぶ
・ワインや水を必要に応じて注ぎ足す
・食後のデザートや飲み物をすすめる

次に、売上を伸ばしている一人のアルバイトの行動を観察してみると、小さな違いが見えてきました。

・お客様が来たら「いらっしゃいませ」と挨拶をする

- 「三名様ですね」などとお客様の人数を確認する
- 禁煙席か喫煙席かの希望を聞く
- お客様をテーブルまで案内する
- 人数分の水とおしぼりとメニューを持ってテーブルへ向かう
- 水を一人ひとりに配る
- おしぼりを一人ひとりに配る
- メニューを渡す
- おすすめ料理などの説明をしてから下がる
- 注文を聞く
- できた食事をテーブルに運ぶ
- ワインや水をグラスが空《から》になるタイミングで注ぎ足し会話を持つ
- 食後のデザートや飲み物の注文を聞く

このレストランのマニュアルに従うだけなら、ごく普通のアルバイトがとった行動で充分ということになります。

ピンポイント行動を抜き出す

普通のアルバイトの行動

- お客様が来たら「いらっしゃいませ」と挨拶をする
- 「何名様ですか？」とお客様の人数を聞く
- 禁煙席か喫煙席かの希望を聞く
- お客様をテーブルまで案内する
- 人数分の水とおしぼりとメニューを持ってテーブルへ向かう
- 水を一人ひとりに配る
- おしぼりを一人ひとりに配る
- メニューを渡す
- 「お決まりになりましたらお声かけください」と言っていったん下がる
- 注文を聞く
- できた食事をテーブルに運ぶ
- ワインや水を必要に応じて注ぎ足す
- 食後のデザートや飲み物をすすめる

売上を伸ばしているアルバイトの行動

- お客様が来たら「いらっしゃいませ」と挨拶をする
- 「三名様ですね」などとお客様の人数を確認する
- 禁煙席か喫煙席かの希望を聞く
- お客様をテーブルまで案内する
- 人数分の水とおしぼりとメニューを持ってテーブルへ向かう
- 水を一人ひとりに配る
- おしぼりを一人ひとりに配る
- メニューを渡す
- おすすめ料理などの説明をしてから下がる
- 注文を聞く
- できた食事をテーブルに運ぶ
- ワインや水をグラスが空《から》になるタイミングで注ぎ足し会話を持つ
- 食後のデザートや飲み物の注文を聞く

しかし、売上を伸ばしていたアルバイトは、

「お客様の人数を素早く把握する」

「おすすめ料理を説明する」

「食事後半に進むほどお客様とのコミュニケーションを深める」

ということをしています。いずれも、お客様に好印象と安心感を与え、追加注文に結びつく可能性が高くなる行動です。

実際に、このアルバイトはワインを注ぎ足すときに、

「ワインお好きなんですね。今日はデザートワインもいいものが入っております」

「ワインに合うチーズも多数、用意してございます」

などとお客様に上手にすすめていたのです。

これが、業績に直結するピンポイント行動です。


もちろん、部下指導にあたっては、ピンポイント行動だけを教えればいいというものではありません。

レストランのフロア係の例で言えば、いくらおすすめ料理を説明したところで、それ以

前にきちんと挨拶もできないようでは、お客様は二度と足を運んではくれません。

もし、あなたの部下がピカピカの新人で、社会人としての基礎から教えなければならない場合、いきなりピンポイント行動に絞るのではなく、基礎的な行動から身につけてもらうことは必須です。

しかし、ほとんどの場合、「**基礎的なことはできているけれど結果を出せない**」状況ではないかと思います。

こうしたケースでは「ピンポイント行動がわかっていない」だけなのです。だから、ピンポイント行動を明確に示し、それを行ってもらえば、それだけで部下は「仕事ができる人」に変わります。


飲食店や営業職など、すぐに売上という形で結果が出る仕事ではない場合、ピンポイント行動を特定するにはちょっと時間がかかりますが、あなたや仕事ができる部下と、なかなか結果が出せないでいる部下を観察比較すれば、答えは必ず見つかります。

いままで当たり前にできていたことを、部下指導のためにあらためて細かい行動に分解するなんて、面倒くさく感じるかもしれません。しかし、それはあなたにとって、非常に学びの多い作業となります。

あなたが、なぜ仕事がうまくできているのか。それを自分自身で具体的に把握できていなければ、できない状況になったときに対応が利かなくなります。

消費者のニーズや社会環境は、今後もますます変化していきます。新しい時代には、いまと同じやり方では通用しなくなるでしょう。

このとき、感覚だけでやっていた人は、壁にぶち当たります。

「あれ？　おかしい。これでいいはずなのだけれど……」

頑固に感覚的なやり方を繰り返し、どつぼにはまっていきます。

あなたの周りにも、「昔はスーパースターだったのに、最近はやることなすこと時代遅れになっている」という先輩がいるのではないでしょうか。これは、自分のとっていたどの行動が良かったのか、きちんと理解していなかったからです。

いま、良い成績が残せている段階で、自分の行動を分解し理解しておけば、時代の変化に合わせて、とるべき行動をさまざまに組み立てていくことができるでしょう。

行動科学マネジメントで部下を育成していくことは、あなたの将来のためにも大いに役立つのです。

2章

あなたの「言葉」は伝わっているか？

——正しく動いてもらう技術

「できるだけ早く」では伝わらない

1章までを理解したあなたには、部下に教えるべきピンポイント行動が見えてきたはずです。

ところが、それを部下に伝えたのに、相変わらず部下が結果を出せずにいるかもしれません。いったい、どうしてでしょう？

そのときには、あなたの「伝え方に問題がないか」探ってみる必要があります。

あなたは普段から、理解しやすい共通言語を話しているでしょうか？

仕事の指示に使う言葉は、**数値や固有名詞を駆使して、聞いている誰もが同じ状況を想定できるもの**でなくてはなりません。

「できるだけ早く提出して」などという指示は、まったく共通言語となっていません。

「できるだけ早く」とは、人によっては「明日まで」かもしれないし、「今週いっぱい」かもしれません。たとえ、あなたの意識では「一時間以内」であったとしても。
それを、「できるだけ早くと言ったのに、なぜ提出しないで帰ってしまったのか」と怒るのは筋違い。すべては、伝え方が間違っているのです。

行動科学マネジメントでは、曖昧な表現は一切、排除されます。だから、「できるだけ早く提出する」というのも、曖昧すぎて行動とは認められません。つまり、上司が行動で指示していないのですから、部下ができなくて当然というわけです。

行動科学マネジメントが認める行動は、「ＭＯＲＳの法則」という具体性の原則によって定義づけられたものだけです。

「ＭＯＲＳの法則」は、以下の四つの要素の頭文字をとってつけられました。

M＝Measurable（計測できる）
O＝Observable（観察できる）
R＝Reliable（信頼できる）
S＝Specific（明確化された）

これらを満たしてはじめて「行動」。あなたは、明確な「行動の言葉」で部下に指示を出していくべきなのです。

では、具体的に「ＭＯＲＳの法則」——計測でき、観察でき、信頼できて、明確化されている——にかなった行動とはどんなものなのか、チェックしてみましょう。

次のうち、行動科学マネジメントが「ＭＯＲＳの法則」に基づいていると認める表現、すなわち誰が聞いても理解できる言葉はどれでしょうか？

・工場での事故をなくす
・休日を充実させる
・人に親切にする
・チームワークを良くする
・自分の住んでいる街をきれいにする
・電車でのマナーを良くする
・夫婦仲良くする
・積極的に仕事をする

- 食事制限によってダイエットをする
- 絆を深める
- 英会話を頑張る
- 友達とコミュニケーションをとる

さて、いかがでしたか？

答えはすべて「×」。どれも、「MORSの法則」を満たしてはおらず、このままでは正しく伝わらない表現ばかりです。

たとえば、「**工場での事故をなくす**」とは、誰によるどういう事故をなくすことを意味しているのでしょうか。まず、それを明確にしなければなりません。

「ヘルメット着用を怠った従業員が、上方から落下した金属破片で軽傷を負った」

「指定外の場所に置き去りにされた工具に、従業員がつまずいた」

「床にこぼれた薬品に、素手で触った従業員がやけどをした」

こうしたことを正しく解明した後、それに対する具体的行動を指示します。

「ヘルメット着用を怠った従業員が、上方から落下した金属破片で軽傷を負った」事故に対してなら、せめて次のレベルまで落とし込む必要があるでしょう。

「八時半の始業時に、工場内にいる八二名すべてのスタッフのヘルメットが正しく着用されていること。あごにかけたヒモの金具がきちんとはめられ、頭を前後左右に振ってもヘルメットが緩まない状態であること」

ここまでやって、はじめてすべての従業員が同じように動けます。

「食事制限によってダイエットをする」もまったく不十分です。

「朝食と昼食はいままで通りで、夕食のみ四〇〇キロカロリーに抑える食事制限を三週間続けることで、二キロの減量を目差す。体重は毎朝七時に計測する」

これならば、ほとんどの人が同じような行動を頭に浮かべることができるでしょう。

部下に指示を出すときには、あなたの言葉が本当に「ＭＯＲＳの法則」にかなっているか、もう一度チェックしてみてください。

マネジャーの言葉は、「いつでも誰でも同じように理解できる」が大原則です。

誰が聞いても同じように理解できる「行動の言葉」に

あなたは部下に成長してほしいと願っています。一方、部下たちもそうしたあなたの思いに応え、いい仕事をしたいと考えています。言ってみれば両思いでありながら、うまく仕事のやり方が伝わらないことがあります。

その原因は、あなたの話している「言葉」にある可能性大。言葉は本当にクセモノで、ときに大きなすれ違いをつくりだします。

行動科学マネジメントでは、誰が聞いても同じように理解できる言葉でなければ、言葉とは定義しません。

「なるべく早くやっておいて」
「ちゃんと確認しておいて」

ビジネスの現場でよく使われる言葉ですが、私に言わせれば、こんな指示で部下に正しく動いてもらおうと考えるほうがどうかしています。

「早く」とはいつまでか。

「ちゃんと」とはどういうことか。

そういった感覚は、一人ひとり違うのです。

「明日の三時までに書類にして、僕のところへ持ってきて」

「いまこの場で電話をかけて、直接、担当の山田さんに確認して」

ここまで具体的にして、ようやく共通言語化したと言えます。

それをしないで、「早くと言ったのに、いつまで待たせるんだ」などとイライラすること自体ナンセンスです。

ある企業では、「朝は元気な声で挨拶しろ」と新人に教育していました。仕事が営業主体で取引先や顧客に会うことが多いため、早いうちに「良い挨拶」を習慣化させる必要があったのです。

しかし、新人にとって「元気な声で」とは、ずいぶん曖昧な指示なのです。だから、必要以上に大きな声を張り上げる人などがいて、本来の良い挨拶を身につけさせることが徹底できませんでした。

そこで、その企業はなにをしたか。機械を使って、声の音量を測らせたのです。

毎朝、部屋の入り口で「おはようございます」と挨拶すると、自分の声量が「ホン」で表示されます。そのために、同僚たちとも数値で比較でき、どの程度の声を出せばいいのか、明確につかめるようになりました。

これによって、声が小さすぎた人は大きく、大きすぎた人は抑えめにと、みんなが程よい挨拶ができるようになったのです。

社会人の基本である挨拶についてですら、具体的に指示しなければ正しく理解されません。ましてや、専門的な仕事になればなおさらです。

あなたが発している言葉は、**あなたの基準で「こう伝わるだろう」と認識しているにすぎません**。受け取るほうは、受け取るほうの基準で解釈しますから、そこには齟齬が生じて当たり前。

「言ったはずだ」「聞いていない」という虚しいやりとりは、すべて共通言語を使っていなかったことが原因なのです。

かっこいいスローガンより"共通言語化"を

あなたの言葉が共通言語であるためには、「MORSの法則」の中でも、とくに「**M＝計測できる**」と「**S＝明確化された**」の二つの要素が大切になります。

すなわち、できるだけ**時間や回数といった数字を入れ、固有名詞なども使って**きめ細かく行動を指示することが必要です。

しかし、これを意識すると、言葉はどうしても泥臭くなります。かっこいい指示を与えたいと考えているリーダーには、違和感があるかもしれません。でも、そのかっこいい指示は、部下に届いていなければなんの意味もありません。

私がアドバイスを行っている企業においても、「M＝計測できる」および「S＝明確化された」を意識した、共通言語化を図っています。二社の例を見てみましょう。

全国に展開するあるアクセサリー店では、「お客様のことを良く知る」ことや、「お客様のニーズを予測する」ことが奨励されていました。経営者は、このミッションを浸透させるべく、朝礼や社内報でたびたび語っていました。しかし、どうも徹底できていないということで、我が社に相談が持ちかけられました。

そこで、アクセサリー店の社員たちにヒアリングをしてみると、社員一人ひとりの理解と、経営サイドの望んでいることの間には、相当な隔たりがあることがわかりました。

現場で働く社員たちの多くは、店頭でお客様と会話を交わし、そのときに求めているものがわかれば、それで充分だと考えていました。

本社で働く社員たちは、流行の先取りをした商品開発をすればいいのであって、お客様との接点について深く考えたこともありませんでした。

しかし、経営者の求めていることは、もっと積極的なものだったのです。

そこで、「M＝計測できる」と「S＝明確化された」を意識して、経営者の考えを共通言語化してもらうと、次のような言葉になりました。

◎「お客様のことを良く知る」を共通言語化すると……

・現場の店長が、一年に三回以上来店される常連客の顔と名前が一致し、その趣向を理解している。
・本社の人間が、一年に三回以上来店される各店の常連客について、いつ、どこで、なにを購入したか把握している。

◎「お客様のニーズを予測する」を共通言語化すると……

・現場の店長が、一年に三回以上来店される常連客に、名前でお呼びし、前回購入商品の感想を聞き、おすすめの商品について確実に伝えられる。
・本社の人間が、一年に三回以上来店される常連客の購入履歴から、新しいモデルやセールなどのお得な情報を、それぞれを求めるお客様に情報発信できる。

このように数字や具体的行動を入れることで、経営者が求めていたレベルが社員たちに伝わるようになりました。

「なんだ、そこまでやらなければいけなかったのか」

理解した社員たちは、ようやく経営者が求めていた正しい行動を積極的にとれるようになりました。これによって社員全体の底上げが図れ、業績もアップしていったのです。

次に、ある営業主体の会社の事例を見てみましょう。

プレーヤーとして高い成績を残した経験を持つリーダーが、部下たちによく言っていた言葉が、「業務の仕組み化の定着」「数字で会話できることの徹底」「利益にこだわることの徹底」というものです。なんだか、かっこいいですよね。彼自身は、こうした意識を持つことで自らの成績を残してきたので、それを部下にも伝えたかったのでしょう。

しかし、部下たちにとってはその言葉は曖昧で、どう動いていいかわかりません。そこで、もっと泥臭くていいから、誰でも同じように捉えられる言葉に置き換えてもらいました。

◎「業務の仕組み化の定着」を共通言語化すると……

- 各マネジャーが重要な業務の行動を分解し、その行動についてMORSの要素をすべて満たし具体化できる状態のこと。
- 各マネジャーが重要な業務のチェックリストを作成できる状態のこと。

◎「数字で会話できることの徹底」を共通言語化すると……

・各マネジャーが、毎週月曜日に発刊される各部署の週報に目を通し、その数字を認識している状態のこと。

・各マネジャーが掲げるあらゆる目標について、すべて数字が示されている状態のこと。

◎「利益にこだわることの徹底」を共通言語化すると……

・各マネジャーが、粗利を一円でも改善できるような施策を、毎日実施していること。

・各マネジャーが、部下の残業時間を一分でも短くできるような施策を、毎日実施していること。

・各マネジャーが、経費を一円でも減らせるような施策を、毎日実施していること。

いずれも、ずいぶんわかりやすくなり、部下たちが自発的に動けるようになりました。

たしかに、こんなふうに細かく説明するよりは、「お客様のニーズを予測する」「業務の仕組み化の定着」などと言ったほうがスマートです。部下を率いるリーダーは、ついかっこいい言葉を選んでしまいがちです。しかし、大事なのは「**誰が聞いても同じ状態が思い描けるように伝えること**」。それができるリーダーのほうが断然かっこいいのです。

いずれの例においても、私はアドバイスをしただけで、言葉の置き換え自体は本人たちがやっています。

「伝えたい」と思っていた人たちが、自分の言葉では伝わっていなかったことにショックを受け、「M＝計測できる」と「S＝明確化された」を意識するだけで、ここまで具体的に変わるのです。

あなたの言葉が本当に部下に正しく伝わっていたか、一度、検証してみてください。

大事なことは繰り返し、くどいくらいに伝える

婚礼事業を主に手がける、生花販売業の企業事例です。

この企業では、これまで社長が大事な仕事をすべて担い、社員たちは社長の指示に従って動くばかりでした。とくに、婚礼の生花装飾など失敗の許されない仕事は、誰にも口出しさせずに、いつも社長自ら仕切っていました。

しかし、自分も高齢。いつまでもそうしてはいられません。早く部下たちに自分と同じ働きをしてもらって引退したいのがホンネでした。

ところが、感覚でやってきた社長の仕事は、ほとんどの社員は理解できません。その結果、一部の勘のいい社員にしか仕事をまかせられず、婚礼が重なるとお客様にも迷惑をかけかねず、マネジメント改善の必要に迫られました。

そこで、いまの「社長が主になって動いている状態」から、あるべき姿、つまり「婚礼

事業部のすべての社員に安心してまかせられる状態」に持っていくべく、行動科学マネジメントの手法が取られました。

具体的には、社長自らの行動を徹底的に分解し、「**M＝計測できる**」と「**S＝明確化された**」を意識して、以下のような**ピンポイント行動**が社員に伝えられました。

◎**商談前にすべき行動**

- お客様の基本情報（挙式日・名前・住所・仕事・年齢）を、ホテルスタッフよりいただいておくこと。
- お客様の基本情報に目を通し、お客様と雑談できるネタを一つ以上考えること。
- 挙式日にお薦めできる切花と、その切花を使った装花内容を、三つ以上考えること。

◎**商談の最初の五分ですべき行動**

- 最初の挨拶は、誰が聞いても一言一言を聞き取れるような声で、誰が見ても笑顔だと思える笑顔で、挨拶を行うこと。
- 挨拶のあと、商談前に考えたお客様と雑談できるネタを使い、雑談を三分以上すること。

・次に、本日の打合せ内容の流れ（メイン→卓花→小物→ブーケの順番）を説明すること。

◎その後の商談中にすべき行動

・お客様がお話をしている際には、お客様の目をしっかり見て、お客様が見てわかる相槌を打ちながら、お話を聞くこと。
・お客様から質問された内容について、必ずその内容をもう一度声に出して繰り返し、確認を行うこと。
・すべての商品の前段の説明は、必ず「決められている言葉」で説明すること。
・商品を提案する際には、「いかがなさいますか」ではなく、「こちらはいかがですか」と必ず提案言葉で語尾を終わらせること。そのとき、最後の「ですか」をお客様に聞き取れるはっきりした声を出すこと。
・お花の説明をする際には、必ず店舗にある現物を三点以上ピックアップし、実際にそれを見せながら説明すること。お花の形・色・種類を説明する際に、実物を利用すること。
・どんな内容でもよいので、新婦様を三回以上ほめること。
・商談中にもう一度、雑談を三分以上入れること。

◎商談の最後ですべき行動

- 一言一言お客様にはっきりと聞こえるように、「精一杯やらせていただきますので、ご安心して当日をお迎えください」と、自信をもって言うこと。
- 一言一言お客様にはっきりと聞こえるように、「なにか変更点・疑問点などがございましたら、いつでもご連絡ください」と、自信をもって言うこと。

これが、社長がやっていたことだったのです。

このピンポイント行動のあぶり出しは、そのまま強力なマニュアルとなりました。それまで思うような働きができていなかった社員たちが、社長がやっていたことを見事に引き継ぐことができ、戦力が何倍にも増えたのです。

この伝え方の、良い点をいくつか挙げてみましょう。

まず、「商談前にすべき行動」「商談の最初の五分ですべき行動」「その後の商談中にすべき行動」「商談の最後ですべき行動」と四つの時間帯に分けて、細かくやるべきことを設定しています。

こうすることで、順序よく行動がとられ、慣れない社員が「やらなければならないことがいっぱい」とパニックに陥るのを避けることができます。

また、「三分以上」「三点以上」「五分」など、数値を多用しています。

これは、行動科学マネジメントが定義する行動の重要な一要素「計測できる」にかなっており、誰がやっても同じようにできるとてもいい手法です。

さらに、「一言一言お客様にはっきりと聞こえるように」という指示が何度か繰り返されることで、話し方のポイントが社員たちに伝わるようになっています。

このように、重要なことは、繰り返しインプットすることで、その人の中で習慣化されていきます。くどいくらいに示してはじめて、全社員に共有してもらえます。

部下たちにマニュアルを示すときには、ただやるべきことを羅列するのではなく、

- **それをどの段階でやるのか**
- **どのくらいの時間で、どのくらいの頻度でやるのか**

について明確にし、とくに重要な文言については、何度でも繰り返しましょう。

「良い行動」を繰り返すためにチェックリストを活用する

行動科学マネジメントでは、「チェックリスト」というツールを頻度高く用います。

チェックリストは、非常に簡単なものから、複雑なものまでいろいろ存在します。

要は、あなたと部下がチェックしやすく、良い行動が繰り返し取れるようになればいいので形式にこだわる必要はありません。

ただ、誰が見ても理解できる共通言語で行動が示されていることと、頭の中で確認するだけでなく、実際にチェックボックスにチェックを入れられることが重要です。


「よし、いま確かにやったぞ」

部下が自分の行動を確認してチェックを入れる。

「ＯＫ。できていたね」

販売行動チェックリスト

店頭に立つ前の確認

上司	本人		確認するもの
✓	✓	挨拶の練習を 10分間行う （おじぎは 45度・笑顔は歯を見せて目の付近を見る）	
✓	✓	身だしなみのチェック（寝癖・爪・服装・ 名刺・名札・ネクタイ・アクセサリー外す）	身だしなみ チェックシート
□	✓	店内の清掃を 30分行う （カウンター・椅子・ガラスは必ず雑巾がけ）	
□	□	商品の配列・検品・数量チェック	商品シート
□	□	お客様配布用のパンフレットの部数チェック （各テーブル 20部ずつ）	

部下が良い行動を取ったら上司がチェックを入れる。

できれば、部下と上司の双方がチェックを入れられるリストにするといいでしょう。部下だけの自己チェックだと、どうしても自分に甘くなりがちですから。

ただし、ここでいう**チェックとは「あら探し」ではない**ので誤解なく。良い行動を正しく取れていたときにチェックを入れるのであり、どちらかというと**「良いとこ探し」**に近いものになります。

人は、ネガティブなフィードバックをされると行動自体をやめていく傾向にあります。

そのため、行動科学マネジメントでは、ネガティブチェックはしません。

だから、最初はいきなり難しいことはやらせずに、「できることを確実にできるようにさせること」から始めるようにしましょう。

部下本人が、できることをやってチェックリストに自分でチェックを入れるという行為は、小さいながらも「成功体験」になります。逆に、最初から難しい項目ばかりを並べては、ネガティブチェックになって自信を失ってしまいます。

まずは、簡単にできることを並べて、チェックリストの使い方に慣れていくといいでしょう。

チェックリストのつくり方

では、具体例を用いて、チェックリストのつくり方を学んでいきましょう。

まず最初に、1章で紹介したレストランのフロア係の例で考えてみましょう。

このレストランでは、売上を伸ばすアルバイトの行動を分解しました。

それらを、75ページのように一覧にするだけで、チェックリストは完成です。

レストランのフロア係である以上、どの行動も外せませんから、一つひとつのチェックボックスがすべて埋まるようにしていきます。しかし、その中で、

- 「三名様ですね」などとお客様の人数を確認する
- おすすめ料理などの説明をしてから下がる
- ワインや水をグラスが空《から》になるタイミングで注ぎ足し会話を持つ

フロアでの行動チェックリスト

上司	本人	
□	□	お客様が来たら「いらっしゃいませ」と挨拶をする
□	□	「三名様ですね」などとお客様の人数を確認する
□	□	禁煙席か喫煙席かの希望を聞く
□	□	お客様をテーブルまで案内する
□	□	人数分の水とおしぼりとメニューを持ってテーブルへ向かう
□	□	水を一人ひとりに配る
□	□	おしぼりを一人ひとりに配る
□	□	メニューを渡す
□	□	おすすめ料理などの説明をしてから下がる
□	□	注文を聞く
□	□	できた食事をテーブルに運ぶ
□	□	ワインや水をグラスが空《から》になるタイミングで注ぎ足し会話を持つ
□	□	食後のデザートや飲み物の注文を聞く

という三点については、ほかの凡庸なアルバイトには見られなかったピンポイント行動であることがわかっています。なので、これらの項目については、部下・上司ともにとくに慎重にチェックしていく必要がありますし、できたなら大いに評価すべきです。

次に、大分類・中分類・小分類に分けたチェックリストをつくってみましょう。

ここでは、やはり1章で触れた、営業活動に向かう前のチェックリストの中の「身だしなみチェック」について取り上げます。

マネジャーであるあなたなら、「身だしなみを整える」という大分類のボックスにチェックを入れれば大丈夫でも、部下はそうではありませんでしたね。

そこで、77ページのようなチェックリストをつくり、細かい小分類をすべてチェックさせます。これを繰り返しているうちに、習慣になって、部下もいずれ大分類チェックだけですむようになります。

このように、チェックリストは、あなたの仕事の形態に合わせて、いかようにも変化さ

身だしなみチェックリスト

	上司	本人	
手・手首	□	□	爪を1mm 以下に切れているか
	□	□	爪の中は汚れていないか
	□	□	マニュキア・つけ爪などの装飾品は外しているか
	□	□	手と手首を洗って、アルコール除菌消毒しているか
髪	□	□	寝癖は直しているか
	□	□	髪の毛にフケなど不着していないか
	□	□	髪の毛を束ねるゴム・ピン等は当社指定の色を使用しているか
目・耳・鼻	□	□	イヤリング・つけまつげ・目立つエクステ等の装飾品は外しているか
	□	□	鼻毛・耳毛は出ていないか
	□	□	ひげは剃っているか
	□	□	目ヤニなど付着していないか
	□	□	化粧・メイクは崩れていないか
	□	□	口紅は、当社指定の色を使用しているか
口・歯・その他	□	□	口臭をチェックしたか（従業員同士チェック）
	□	□	眼鏡レンズの汚れはないか
	□	□	歯の間に、食べ物のカスなど挟まっていないか
	□	□	香水・体臭のにおいはキツくないか（要上司チェック）
服装・備品	□	□	下着は無地白系を着用しているか
	□	□	靴の底がスリ減っていたり、表面の革が剥げ落ちていないか
	□	□	ネクタイは曲がっていないか
	□	□	スーツに埃や、目立つシワはないか（従業員同士チェック）
	□	□	名刺は常に10 枚以上、胸ポケットに入れているか
	□	□	靴下やストッキング等に、破れ・穴は空いていないか
	□	□	スカートはひざがしら（膝頭）がちょうど見えないところまで降ろしているか
独自項目	□	□	
	□	□	
	□	□	
	□	□	

せてください。慣れてくると、どんどん多角的につくっていけるようになります。

79ページにあるのは、ある企業が用いているチェックリストの一部です。この会社では、自社が売上を立てるために、営業スタッフがとるべき二三の重要な行動をあぶり出し、それを徹底させることにしました。

商談に向かう社員は、このリストに逐一チェックを入れながら事前準備をし（1から8）、商談が終わったあとには商談中の自分の行動をチェックします（9～17）。さらに、帰社後もチェックリストに従って整理をします（18～23）。

最後には自分の名前を書きハンコを押して上司に提出。つまり、チェックリストが日報の役割も果たしているのです。

このチェックリストを見ると、「サンプル準備」「挨拶の徹底」「メモをとる」などという項目もあり、わざわざ毎回ここにチェックを入れるのはバカらしいと思うかもしれません。しかし、こうしたことを繰り返していくうちに確実に習慣化していきます。

手を抜いてやめてしまえば、いつのまにか良い習慣も消えていってしまうのです。

この会社は以前、ワンマン社長が一人ですべてを仕切っており、社内にはマニュアルさ

商談フォローチェックリスト

得意先名
（商談日）

商談前のチェック内容	
1　商談先の店舗リサーチ	□
2　当日の受注目標の確認	□
3　先方の発注在庫確認	□
4　在庫を確認	□
5　サンプル準備	□
6　商談先の同業種	□
7　行動計画	□
※先方までの経路の確認	□
※所要時間	□
8　商談終了時間を決める	□
商談時のチェック内容	
9　挨拶の徹底	□
10　商談先の商品動向の確認	□
11　他社情報の収集	□
12　自社の企画プランの提案	□
13　当日の注文内容の再確認	□
14　納期の確認	□
15　受注をもらえる日確認	□
16　メモをとる	□
17　店舗リサーチ	□
帰社後のチェック内容	
18　アシスタントに発注内容の伝達	□
19　商談先への最終報告	□
※お礼	□
※受注確保の連絡	□
20　サンプルの整理整頓	□
21　商談中の態度（笑顔など）	□
22　商談時間を厳守	□
23　カタログの整理	□

訪問時間

受注金額
円

予算
円

ポイント（当日計）

担当者	責任者
印	印

え存在しませんでした。私がチェックリストの活用を提案したときも、社長は、乗り気ではありませんでした。

「ちまちまチェックなどして、大きな仕事ができますか？」

と言うのです。社長は自分が仕事ができるために、できない部下は「気合いが足りないのだ」と考えていたようです。しかし、このリストにある行動を一つひとつ確実に行っているうちに、多くの社員が売上を伸ばすようになりました。

それ以来、この会社では、管理部門でもチェックリストを活用しています。伝達作業などをチェックリストを用いて確実に行うことで、ミスが一気に減り、社内コミュニケーションを円滑にすることにも役立っています。

仕事ができるあなたは、「こんな簡単な作業には、チェックリストなんてなくてもいいのではないか」という思いが頭をよぎることがあるかもしれません。しかし、良い結果は、良い行動の集積であることを忘れないでください。良い行動を二回取った人よりも、五回取った人が間違いなく良い結果を残すのです。また、チェックを入れているうちに自然と何度もリストを眺めることになり、それだけ仕事に対する理解も深まります。

「できる」レベルを徐々に上げていく

チェックリストを用いながら部下教育を行うと、部下は自分の得意不得意にかかわらず、スキルを伸ばしていくことができます。すなわち、

- **「できている」ことを「確実にできる」ように**
- **「ほぼできている」ことを「できる」ように**
- **「できていない」ことを「ほぼできる」ように**

と、得意なことも不得意なことも底上げしていけるのです。

また、仕事の一連の流れに囚われず、分解した行動を難しさのレベルに合わせて教えていくことも可能になります。

83ページのチェックリストを見てください。これは、ある美容院が従業員にシャンプーの技能を身につけさせるためにつくったものです。

ここでは、お客様にシャンプーを施すときの一連の作業を細かい行動に分解したのち、レベル分けして簡単な行動から教えていく手法をとっています。

これを見ると、実際に髪の毛を洗う作業は案外難しく、トリートメントやマッサージが「レベル1」であるのに対し、シャンプー自体は「レベル2」に分類されています。

たしかに、トリートメントは毛先に薬剤をつけて流すだけですが、シャンプーはお客様の頭を洗わなくてはならないのですから、簡単ではありません。

トレーナーと二人で、チェックリストを片手に、まずはレベル1の行動である「1」から「19」までを行い、「できている」場合は「○」を、「ほぼできている」場合は「△」を、「できていない」なら「×」をチェック欄に書き込みます。

本人のチェックとは別にトレーナーのチェックも入るため、客観的な評価がなされます。

両人共に「○」がついた項目は、「確実にできる」ようにして習慣化し、そうでない項目は、両人共に「○」がつくまで繰り返し行います。

シャンプーの技能を身につけるためのチェックリスト

○…出来ている　△…ほぼ出来ている　×…出来ていない

	項目	本人チェック	トレーナーチェック
Lv.1			
ご案内			
1	セット椅子を斜め45°に傾けて、お客様の3歩前を歩きシャンプー台へ誘導する。	□	□
2	椅子に腰掛けてもらいひざかけをかける。	□	□
3	タオルとシャンプークロスが正しくついている。	□	□
4	後頭部をしっかり支えながらゆっくりと倒している。	□	□
5	顎の位置、背もたれの角度、適正である。	□	□
6	スライドロックはされている。	□	□
プレーンリンス			
7	シャワーの温度を確認する。	□	□
8	シャワーヘッドの持ち方は正しい。	□	□
9	プレーンリンスの順番が正しくできている。(クラウン、トップ、フェイスライン、耳後ろ、ネープ)	□	□
トリートメント			
10	トリートメントの量と付け方が適切である(ショート0.5プッシュ、ロング1プッシュ)	□	□
11	気持ち良いタッピングが出来ている。	□	□
12	地肌をすすぐ感じで適度に流す。	□	□
タオルドライ&ターバン			
13	フェイスラインから耳の中がきれいに拭けている。	□	□
14	地肌から毛先まで充分に拭けている。	□	□
15	ターバンを見栄え良く、外れない様に巻けている。	□	□
セット面へご案内			
16	肩と頭をしっかり支えてゆっくり起こしている。	□	□
17	セット面への誘導の仕方は正しい。	□	□
マッサージ			
18	マッサージの順番は正しくできている。	□	□
19	マッサージの力加減を確認している。	□	□
Lv.2			
シャンプー			
20	シャンプーの量は適切で、均一に泡立てることが出来る。	□	□
21	洗う手順は的確である。	□	□
22	力加減を場所によって使い分けている。	□	□
23	ネープを持ち上げる時、左手でしっかり固定する。	□	□
24	指の動きがスムーズである。	□	□
25	顔に泡が飛ばない様に出来る。	□	□
お流し			
26	素早く泡が落とせている。	□	□
27	フェイスライン、耳回り、ネープに泡が残っていない。	□	□
28	クリーム状の薬剤のお流しが出来る。	□	□
Lv.3			
カラーシャンプー			
29	乳化が出来る。	□	□
30	カラーシャンプーが出来る。	□	□
31	ロングのシャンプーが出来る。	□	□

レベル1が習得(項目に○が付く)できたらレベル2に進みます。習得できた項目のみ入客が出来ます。

レベル1の項目「1」から「19」すべてに、両人の「○」がついたらはじめて、レベル2に進めるという具合です。

この手法を用いることで、この美容院では、お客様からのクレームが激減し、代わりに「スタッフのシャンプーがとても気持ちいい」というお褒めの言葉をたくさん受けるようになりました。これまではどうしても、細かい行動まで管理できなかったため、担当する従業員によって手順や技術に小さな差があり、シャンプーサービスはお客様の不満のもとになっていたのです。

美容院のシャンプーのような、形になって見ることができないサービスの場合、本人が「丁寧に洗っているつもり」でも、それを受けているお客様はまったく違う感想を抱いていることがあります。

だから、この美容院の場合、本人が「○」をつけているのに、トレーナーチェックがそうでない項目はとくに注意して教育しました。

このように、チェックリストを多角的に使用すれば、従来、曖昧にしておくしかなかったことが、同じ基準で共有できるようになります。

それができたとき、はじめて「仕事のやり方を教えた」ことになるのです。

3章

「良い行動」を繰り返すには？

——正しく続けてもらう技術

「結果」の力が人を動かす

あるメーカーでは、新商品開発のためのアイデアを定期的に社員から募っており、課ごとにまとめて提出する仕組みになっていました。

A課長は、アイデア提出の時期が近づくと、いつも部下たちにこう指示しました。

「斬新なアイデアをできるだけたくさん出してくれ」

そして、「まだか?」と急かしては、提出させます。それなのに、いつもあまり面白いアイデアは出されず、A課のアイデアが採用されることはありませんでした。

ところが、隣のB課では、注目を浴びるようなアイデアがたびたび出され、B課長が上層部から褒められています。焦ったA課長は、「もっと考えろ」と部下たちに要求するのですが、形ばかりのものが提出されるだけで相変わらず面白いものは出てきません。そもそも、部下たちは、積極的にアイデア出しをしようという気がないようです。

さて、B課長は、A課長とどこが違っていたのでしょう？

「B課には優秀な部下が揃っているんだ」

などと考えていたら、A課長はますます窮地に追い込まれます。そうではなくて、B課長は、「人が動く理由」をよくわかっていたのです。

B課長は、部下たちに「アイデアを出せ」と要求するのではなく、アイデアを持ってきた部下を大いに褒め、乗せることに徹していました。

「お、さっそく考えてくれたんだね。ありがとう」

「面白そうだね。このアイデアは、いつ思いついたの？」

そのアイデアについて部下に質問し、コミュニケーションを深めていきました。

課長が褒めてくれ、自分の存在意義を認めてくれるから、B課の部下たちは頼まれなくてもアイデアを考えるし、それをブラッシュアップしていけるのです。

このことを行動科学マネジメントで検証すれば、A課長は「先行条件」で部下を動かそうとし、B課長は「結果」で部下を動かしていたということになります。

どういうことか説明しましょう。

人が行動するサイクルは、次ページの図のようになります。人は先行条件によって行動し、その行動の結果が再び行動を呼び起こします。

行動科学マネジメントでは、これを「ＡＢＣモデル」と呼んでいます。

A＝Antecedent（先行条件）
B＝Behavior（行動）
C＝Consequence（結果）

先行条件とは、行動のきっかけとなる目的や環境のことを指します。すなわち、Ａ課長に「アイデアを出せ」と言われたことです。Ａ課の部下たちは、「出せと言われたから出した」。つまり、先行条件があったから行動しました。そして、その行動の結果、Ａ課長からは褒められることもなく、会社にアイデアを採用されることもありませんでした。

一方、Ｂ課においてはどうだったか。もちろん、最初はＢ課長も「アイデアを出して」と言ったに違いないのですが、部下たちが行動を起こしたあとの結果を重視しました。

部下たちにとって、「**行動を起こしたら良いことがあった**」という結果を課長自らがつ

ABCモデル

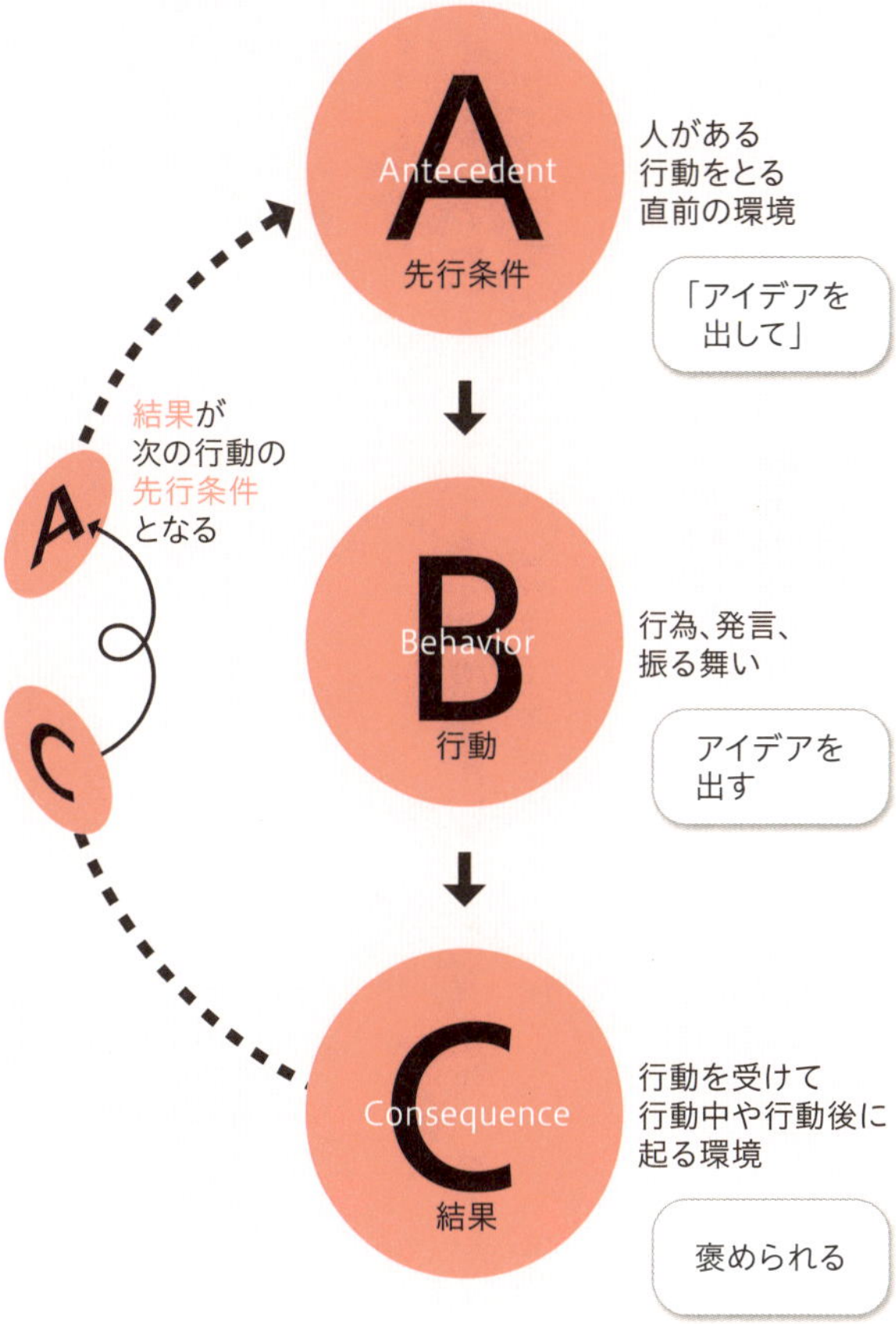
A
Antecedent
先行条件
人がある
行動をとる
直前の環境
「アイデアを
出して」
B
Behavior
行動
行為、発言、
振る舞い
アイデアを
出す
C
Consequence
結果
行動を受けて
行動中や行動後に
起る環境
褒められる
結果が
次の行動の
先行条件
となる
A
C

くりだしたので、部下は繰り返し行動してくれたのです。

実は、**人が行動を繰り返すとき、先行条件よりも結果の力のほうが大きい**のです。一つの行動を起こした結果は、次の行動を起こすための強い先行条件となり得ます。

たとえば、「お菓子をすすめられた」という先行条件があって、「食べる」という行動を取ったときのことを考えてみてください。その結果が「おいしかった」ならば、すすめられなくてもまたそれを食べるでしょう。「まずかった」ならば、すすめられても再び食べたいとは思わないでしょう。

A課の部下たちにおいては、いつまでたっても「出せと言われたから」という先行条件しかないのですが、B課の部下たちにとっては「出せば褒められる」という良い結果があり、それによって行動が繰り返されているわけです。

A課に限らず、どこの企業でもここが見落とされています。

「我が社の危機的状況を踏まえ、徹底したコスト管理を図ってくれ」

「売上三割アップを目指し、一人ひとりが積極性を発揮しよう」

などと、先行条件のスローガンばかり掲げても、人は動かないということを覚えておいてください。

良い行動を繰り返して習慣にする

ABCモデルを理解したあなたは、部下の良い行動を誘発することができるようになります。そして、部下が良い行動を取ってくれるようになったら、次はそれを繰り返し、習慣化してもらわねばなりません。**良い行動は気まぐれにやっても意味はなく、繰り返されてこそ安定した業績アップにつながります。**

それに、最初の数回は誰でも正しい行動が取れても、習慣化させないといつの間にかもとに戻ってしまいます。

いままでは、車の助手席に座ったら、ほとんどの人が自然にシートベルトを締めます。やがて、後部座席でもシートベルト着用が当たり前になるでしょう。しかし、かつては、助手席はおろか運転席ですらなかなか徹底されませんでした。それが、法律で明確に義務づけられ、渋々ながらも繰り返しているうちに、いつの間にかみんな習慣化したのです。

あなたは、部下に対して、良い行動を繰り返したくなるような仕組みをつくってあげなくてはなりません。

シートベルトの場合は、「法律を守らなければ罰せられる」というネガティブな仕組みでしたが、あなたの仕事においては、できれば「渋々ながら」よりも「嬉々として」繰り返してもらえるポジティブな仕組みをつくる必要があります。

ＡＢＣモデルで説明したように、人は「望ましい結果」が得られるとわかると、その行動を繰り返します。

一つ質問しましょう。あなたはメガネをかけているでしょうか？　かけているとしたらその理由はなんでしょうか？

「目が悪いから」というのは、先行条件ですが、おそらく一番の理由ではありません。毎日メガネを「かけ続けている」理由は、「メガネをかけるとよく見える」という結果を知っているからです。

仕事においても、こうした「望ましい結果」を見せてあげることで、部下たちは良い行動を習慣化してくれるようになります。

悪い結果が「良い行動」を減らしてしまう

ある事務職の女性は、社員たちが共同で使う資料や文具を自分なりに整理整頓していました。少しでもみんなが使いやすいようにと考えてのことでした。

ところが、あるとき部長が、自分が必要としている資料がなかなか見つからないことにイライラして、理不尽にもその女性を怒鳴りました。

「勝手に置き場所を変えるなよ！」

毎日、丁寧に置き場所を直してくれる彼女の働きに、多くの社員が助けられていたはずです。しかし、彼女の行動の結果は「叱責」というものになりました。

これによって、彼女はどうなるでしょうか？　望ましい結果が得られない行動を、人はあえて繰り返しません。彼女は整理整頓を、最低限しかやらなくなりました。

彼女がやっていたことが悪い行動であるなら、それを減らすのもいいでしょう。しかし、本質的には繰り返してもらうべき良い行動なのです。

「いつも丁寧に整理してくれてありがとう。この書類は、これからここに置いてくれるとなお助かるよ」

部長は、**まずは良い結果を見せてからリクエストをすべき**でした。


あなたの部下にとって、その行動を起こしたことによって得られる望ましい結果とはなんなのか、考えてみましょう。

間違っても、「怒られる」「イヤミを言われる」「無視される」などというものではないはずです。あなたは、配慮のない叱責によって「悪い行動もしないけれど、良い行動もしない」部下をつくりだしてはいけません。

部下が良い行動を繰り返してくれるフィードバックのうち、最も簡単で効果が高いのが「褒める」ことです。逆に「叱る」というフィードバックでは、悪い行動をやめさせることはできても、良い行動を増やすことはできません。そして、良い行動が増えなければ業績アップにはつながりません。「叱っておさえる」上司よりも、**「褒めて伸ばす」上司**が望まれるのは、こうした理由からなのです。

「ポジティブ」「すぐに」「確か」なフィードバックが良い行動を繰り返させる

一つの行動にともなう結果には、いくつかのパターンがあります。あなたが、部下に少しでも望ましい結果を見せてあげられるように、ちょっと専門的な話をしましょう。

行動科学マネジメントでは、「タイプ」「タイミング」「可能性」の組み合わせで、結果を八つのパターンに分けています（97ページ参照）。

まず「タイプ」については、「ポジティブ」と「ネガティブ」があります。たとえば、ケーキを食べると、「おいしい」というのはポジティブな結果で、「太る」というのはネガティブな結果です。

「タイミング」については、「すぐに」「あとで」に分けられます。ケーキを食べて「おいしい」結果はすぐに得られるけれど、「太る」のはあとになってからです。

「可能性」に関しては「確か」と「不確実」があります。ケーキが「おいしい」のは確かだけれど、「太る」かどうかは、運動量などで変わってくるため不確実です。

なかでも、**人が積極的に行動を繰り返すのは、「ポジティブ」「すぐに」「確か」の組み合わせで結果が出るとき**です。

ケーキが「おいしい」という結果は、「ポジティブ」「すぐに」「確か」であり、ケーキを食べたら「太る」という結果は、「ネガティブ」「あとで」「不確実」なものです。だから、ダイエット中であっても、ケーキを食べてしまうことになるのです。

つまり、あなたが部下に良い行動を繰り返してもらいたいと考えたら、その行動に対して、「ポジティブ（＝P）」「すぐに（＝S）」「確か（＝T）」なフィードバックを与える必要があります。行動科学マネジメントでは、これを「PST効果」と呼んでいます。

「私の上司は、良い行動をとったら、その場で絶対に褒めてくれる」

こう感じることができる部下が、良い行動を繰り返さないはずがありません。

一方、気まぐれで褒めてくれるかどうかもわからなかったり（＝不確実）、忙しいからとその場で褒めてくれなかったり（＝あとで）ということがあれば、部下の良い行動はだんだんと減っていきます。

フィードバックの組み合わせ

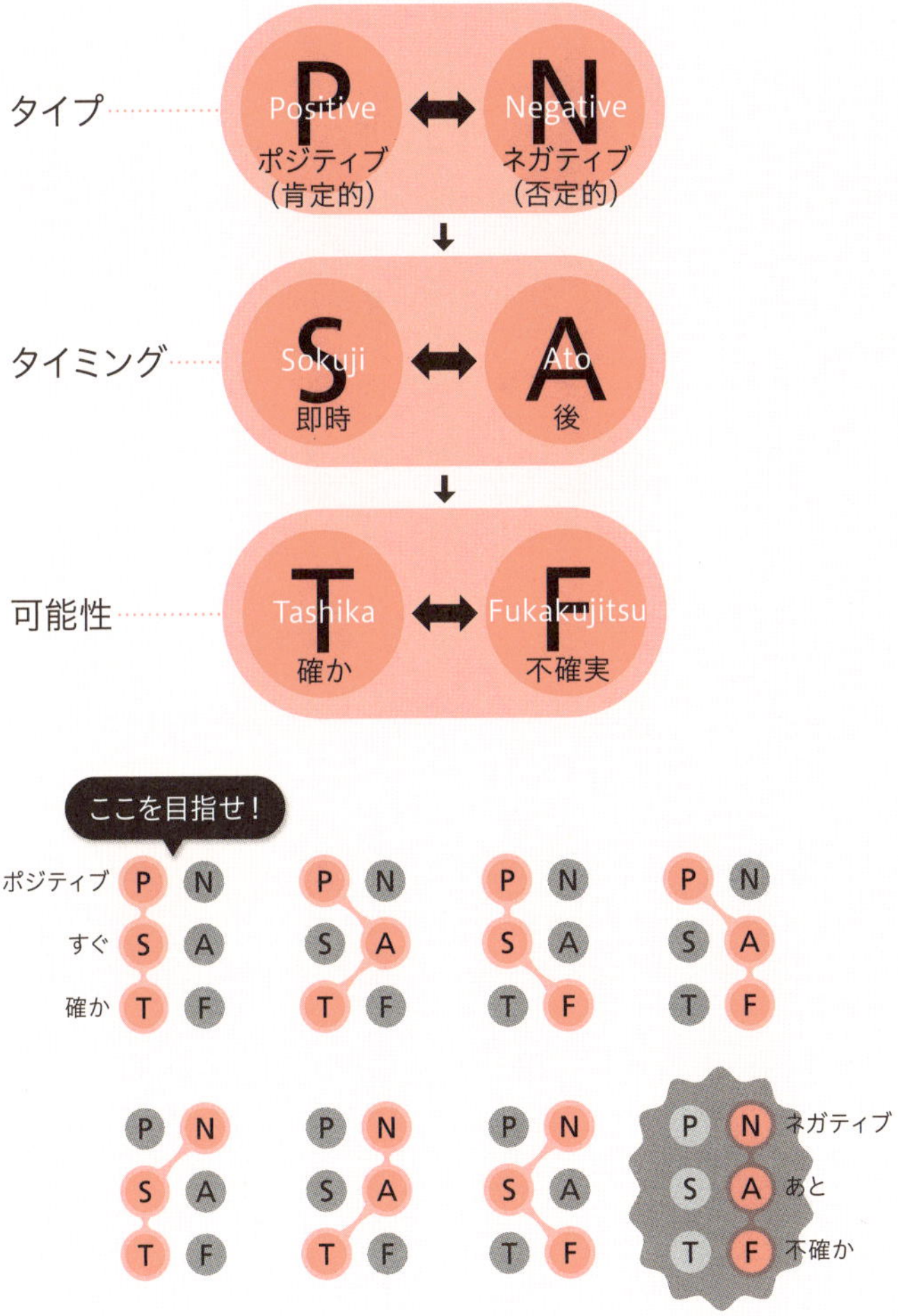

ましてや、叱るというような「ネガティブ」なフィードバックが先行すれば、行動を取ること自体をやめてしまいますから、部下は育ちようがありません。

本書を手にしてくれるような優秀なマネジャーであれば、ネガティブなフィードバックなどしないかもしれません。それでも、忙しいゆえに、「すぐに」ではなく「あとで」になりがちです。これが、あなたが考えている以上に大きな問題なのです。

せっかく部下が持ってきた企画や報告書を、「忙しいから」とそのまま横に置いてしまえば、部下はその行動を積極的に繰り返さなくなります。

「お、早いね、頑張ったじゃない。助かるよ」

「ちょっと見た感じでは、なかなか面白そうだね」

せめてこのくらいの「PST」フィードバックはしておいてから、じっくりと目を通すようにすればいいのです。

フィードバックは大きなものである必要はありません。その大きさよりも、「タイプ」「タイミング」「可能性」が重要です。「ポジティブ」なフィードバックを「すぐに」「確かに」与えてください。

一人ひとりの「動機付け条件」を知れば、一つ上の褒め方ができる

どんな部下でも、叱られるよりも褒められるほうがいい。これは間違いありません。部下が良い行動を取ったときに、ＰＳＴ効果を意識してすぐに褒めるクセをつければ、マネジャーとして大きな武器を手にしたことになります。

それができるようになったら、もう少し上級のフィードバックを身につけていきましょう。それは、部下一人ひとりによって異なる「**自発的に動く理由（行動科学マネジメントでは、これを動機付け条件と呼んでいます）**」を**見極める**ということです。

たとえば、あなたが二人の部下に同じように期待をかけていても、その二人の反応は違うはずです。

Ｓさんは、残業も厭わず仕事に取り組んでいるけれど、Ｔさんはそうでもない。実力があるＴさんだけに、もっと積極的になってほしいところだ……。

こんなときに、「TさんはSさんと比べてやる気がないんだ」などと判断してはいけません。TさんとSさんは動機付け条件が違うのです。Sさんにとっては、いまの仕事を最大限に頑張り出世していくことに価値がある。しかし、Tさんにはもっと別に大事なものがあるのです。

そして、重要なことは、そんなTさんにとっても居心地のいい仕事場だから、いまTさんはそれなりの力を発揮してくれているということです。

部下一人ひとりが、どうしていまの仕事をしているのかという動機付け条件を、マネジャーであるあなたは理解しなくてはなりません。

これは、自分軸で考えていては、決して見つけることはできません。「なぜ、もっと積極的にやろうとしないのだろう？」という部下への不満は、自分軸に立っているからこそ募るものなのです。

あなたがなぜ、いまの仕事をしているのか。なぜ、その仕事を頑張ることができているのか。そこには、あなたなりの理由があることでしょう。そして、部下のそれとは、似ているところもあるかもしれませんが、別物なのです。

仕事ができるマネジャーにありがちなのは、自分と似ているSさんタイプは理解できても、Tさんタイプを理解できずに、間違った判断を下すことです。

だからますますTさんタイプとの溝が深まり、Tさんなりに良い行動を取ってくれているという事実を台無しにしてしまいます。

出世などの評価ばかりが、部下にとって望ましいフィードバックではありません。そこを個別に丁寧に見ていくことが望まれます。

丁寧に一人ひとりを観察していると、女性であっても出世志向の人もいるし、男性であっても家庭優先の人もいることがわかるでしょう。実際に、ゆとり世代では「出世したくない」という男性も多いのです。

子育て最優先の女性に、「子どもが心配だろうから残業しなくていいよ」と言うのは効果的ですが、出世志向の女性に言えば、その自発性を著しく損ねることになります。

性別や年齢などで勝手に括らずに、部下を一人ひとりの人間として見ていきましょう。

個別の動機付け条件を見いだすことに秀でていれば、どんな部下がやってきても困りません。あなたは猛獣づかいのごとく、いろいろなタイプの部下と上手にやっていくことができるでしょう。

動機付け条件をつかむために思い込みを排した観察を

個別の動機付け条件を的確につかむには、とにかく「観察」が欠かせません。「推理」をするのではなく観察するのです。「たぶんこうだろう」という思い込みから入らずに、まっさらな目で観察しましょう。

観察とは、ただ見ているだけでは不充分。会話を通しても探っていきましょう。とくに、過去の話などを聞いてあげることで、その人の目指してきた方向性がわかります。折に触れ、そうしたコミュニケーションを持ってください。

「部下の考えていることがわからない」と悩んでいる上司ほど、部下とのコミュニケーションは減っています。相手がなにを望んでいるかわからないからコミュニケーションを取りにくいし、コミュニケーションを取らないからますますわからなくなる。こんな悪循環に陥っているのです。

もし、あなたがこうした状態にあるなら、それをそのままにしておいてはいけません。接触を避けていては、観察がうまくいかないばかりか、あなたの勝手な思い込みによるバイアスがかかって正しい結果を得られなくなります。

「あの人はおとなしいし、飲みになんか行かないだろう」

「もともと陽気な性格みたいだし、酒を飲ませておけばバッチリだな」

ろくに部下と会話を持とうとしない上司のこんな思い込みは、まず一〇〇パーセント外れているものなのです。そして、お酒が苦手な部下を何軒も飲み屋に連れ回して悦に入ったりすることになります。

コミュニケーションの方法を難しく考える必要はありません。なんでもいいから声をかければいいのです。**部下にマメに声をかけるというのは、上司としての非常に重要なスキルです。**

朝の挨拶はもちろんのこと、社内ですれ違ったときにちょっとした声かけができるだけで、部下との関係性は大きく変化します。

「調子どう？」

「頑張っているみたいだね」

「なにか困っていることはない？」

「わからないことがあったら聞いてくれよ」

どの言葉も、時間にして五秒もかかりません。また、複雑な言葉を使う必要もありません。本気で部下育成を考えているのなら、その手間を惜しんではなりません。「部下と目が合ったら必ず声をかけるのだ」と決めておくくらいの気持ちでいましょう。

とくに、暗い顔をしていたり、ふさぎ込んでいる様子がうかがえる部下を放っておいてはいけません。

「どうした？　なにかあった？」

周りにわからない程度に、さりげなく、声をかけましょう。

落ち込んでいる原因をむりやり突き止める必要はありませんが、「**いつでも相談してきて**」**という姿勢は見せる**必要があります。そうした受け皿があるとないとでは、部下の安心感はまったく違うのです。

あるメーカーのマネジャーは、可愛がっていた部下が、目を合わさなくなり、だんだん自分を避けるようになっていくのを感じていました。しかし、マネジャーには上司としてのプライドもあり、部下にその理由を問うことはしませんでした。

結局、その部下は辞めてしまったのですが、あとから、マネジャーがその部下を「使えないヤツ」と評価しているという根も葉もない噂が広がっていたのだと知りました。

「あのとき、声をかけていれば……」

マネジャーはひどく後悔することになりました。部下は誤解したまま、辞めていってしまったのですから。

こうしたケースでは、部下からはなおさら話をしにくいものです。ちょっとでも心に引っかかることがあったら、あなたから声をかけてみましょう。

自分が困っているときに、手を差し伸べてくれない上司に人はついていきません。いつも自分のことをきちんと見て気にかけてくれる上司になら、部下は心を開き、信頼を寄せることができるでしょう。

求めているもの、喜ぶものはみんな違う

ある企業の管理職から、グチにも近い嘆きを聞かされたことがあります。

その人は、部下が大きな契約を取ってきたご褒美に、自分が大事にしていた高級ワインを一本プレゼントしました。しかし、部下はそのワインの価値をわからないのか、いつまでもロッカーに放り込んだまま持って帰ろうとしないというのです。

管理職が期待したほど部下が感激しなかったのは、おそらく、その部下は下戸なのか、ワインが好きではなかったからでしょう。

つまり、この管理職は**部下の観察をさぼっており、勝手に自分軸で考えていた**のです。せっかくの気持ちも、ムダになってしまいました。

こうした的外れな行いは、お金と時間をもムダにするだけでなく、「自分のことはわかってくれていないんだな」と部下を落胆させる結果にもなりますから注意が必要です。

「高級ワインなら誰でも喜ぶだろう」ではなく、一人ひとりが求めているものがなんなのかを考える必要があるのです。

もしかしたら、その人は、子どもと過ごす時間が増えることをなによりのご褒美と感じるかもしれません。だとしたら、

「そういえば、今度の金曜日、授業参観日じゃなかった？　昨日ずいぶん頑張ってくれたから、せめて金曜日の午前中だけでも休んでもらえるように考えようか？」

と声をかけることが、ワインよりも数倍効果的なプレゼントになります。

普段から部下一人ひとりの動機付け条件を把握している上司なら、こうしたことが上手にできます。

一人ひとりの動機付け条件が、どれほど多様性に満ちているのか、私は身をもって痛感した経験があります。私の会社で業績を上げたチームの数名に、なにか特別なプレゼントをしたいと考え、それぞれの希望を出させたときのことです。

一人は、「夫婦揃ってのレストランの食事券」がいいと言いました。いまさら自分から奥さんを誘うのは恥ずかしいけれど、会社からのプレゼントであればそれができると。

「セミナーに通わせてほしい」と望む勉強家もいました。

「スキーの検定試験を受けるための休みをくれ」というリクエストもありました。

「両親に会社から何か送ってほしい」という若者もいました。たしかに、自分の子どもが働いている会社からプレゼントが届いたら、両親は喜んでくれるでしょう。

このように、自分が一生懸命働いたことへのご褒美として求めるものは、人それぞれで驚くほど違います。

もちろん、あなたは、会社の中の一つの部署をまかされている立場ですから、お金を使って部下にご褒美を与える必要などありません。

しかし、一人ひとりの違いを理解しておくことは必要です。そして、ちょっとした折に、そうした内容を含めた感謝なり、褒め言葉を口にしてみましょう。

「今週はとくに頑張ったね。週末は趣味のスキーを充分に楽しんできて」

「やったね。僕もすごく嬉しいけど、報告したらご両親も喜んでくれるんじゃない？」

こうした、一人ひとりへの小さな気遣いが、部下の行動を変えていきます。行動科学マネジメントは、科学的だからこそ誰がやっても同じ結果を出すことができます。しかし、それは非人間的な手法ではなく、あくまで人間の行動にフォーカスしているのです。

ポイントカードでゲーム性を

行動科学マネジメントでは、毎日の仕事の中に、ちょっとした楽しい工夫を取り入れます。なかでも、「ポイントカード」は手軽に用いることができるおすすめのツールです。

具体的には、良い成績を上げたり、良い行動を取ったら、それに応じてハンコを押したり、シールを貼ったりしてポイントを与えます。そして、ポイントの数がある程度貯まったら、なんらかのプレゼントと交換できるようにします。

あなたの財布の中には、ショップや飲食店のポイントカードが何枚か入っているのではないかと思います。それと同じことを、仕事にも応用していけばいいのです。

ポイントカードは、部下の自発性を高めるだけでなく、不景気の時代に殺伐とした環境で仕事をしている社員を楽しい気持ちにさせてくれ、チームのコミュニケーションにも一役買います。

ただし、行動科学マネジメントのポイントカードで交換できるプレゼントは、高価なものではありません。一〇〇円程度のお菓子や、一杯分のコーヒーチケットなどのごく小さなプレゼントで充分です。あくまで、**楽しい気持ちで気軽に取り組めることが大事**。大きなお金をかければいいというものではありません。

ましてや、あなたの部署だけで行おうとしたら、金銭に派生する仕組みは社内的に問題になるかもしれません。そのような場合には、「一〇ポイント溜まったら、その人の希望するロープレにチームの全員でつき合う」などというプレゼントにしてもいいでしょう。

111ページに載せたのは、我が社のクライアント企業が用いているポイントカードです。この会社は食品メーカーのため、毎日の製造工程はもちろんのこと、事故の回避や、材料の確認なども重要な仕事となります。

材料に不備があったために不良品を作成して回収作業に追われたり、事故のために製造をストップしなければならなくなると、大きな損害になるからです。

そこで、「時間内に規定量の製造をこなす」「時間外にほかのスタッフの手助けをする」

ポイントカードの実例

外面
内容
点数
材料に不備があることを発見し報告する
3点
時間内に規定量の製造をこなす
1点
正しい手順が踏まれていなかったらそれを注意する
3点
月末に目標数値をクリアしている
5点
作業改善のアイデアを出す
1点
時間外にほかのスタッフの手助けをする
1点
※30点毎に豪華賞品と引き換え。※部長が確認した上で押印すること。
氏名
POINT CARD
株式会社×△※
△□○部ポイントカード
1 2 3 4 5 6 7 8 9 10 11 12 13 14 15
半分到達
16 17 18 19 20 21 22 23 24 25 26 27 28 29 30
GOAL
中面

ということのほかに、「材料に不備があることを発見し報告する」「正しい手順が踏まれていなかったらそれを注意する」といった項目が含まれています。しかも、そうした項目のほうが獲得ポイントが高くなっています。

ハンコを押すのはリーダーであるマネジャーの役目。ハンコを押すたびに、その業務内容について話をすることになるので、部下との風通しも良くなっています。

ポイントカードの代わりに、クーポン券などの形を用いることも可能です。

113ページにあるのは、ある企業がつくったおもちゃの紙幣です。額面に応じてお菓子などと交換することができるようになっています。

しかも、各部ごとに独自の紙幣をつくり、その紙幣は、部署をまたいでやりとりすることにしました。たとえば、人事の課長が営業の社員に感謝の気持ちを伝えるときは、人事がつくった紙幣を渡すという具合です。その紙幣には、各部の部長の似顔絵が描いてあるため、大いに盛り上がり、社内コミュニケーションも円滑になったといいます。

一つの部署だけでは仕組みづくりが難しい場合、このように、ほかの部署と協力してはどうでしょう。

おもちゃの紙幣の例

20
20
経理管理部サンキュー券
$20
THANKYOU
経理管理部

10
10
営業部サンキュー券
$10
THANKYOU
営業部

小さなゴールで達成感というプレゼントを

まったくお金をかけることなく、上司が部下に与えることのできる素晴らしいプレゼントの一つに「達成感」があります。

マネジャーであるあなたは充分に理解していると思いますが、達成感を得られたときというのは、どんなものにも替えがたい喜びがあります。それを、部下たちにもどんどん味わわせてあげましょう。

ただし、忘れないでほしいのは、この達成感には、さまざまな「サイズ」があっていいということです。

あなたにとっては、プロジェクトそのものがうまくいったときにはじめて得られる大きな達成感が大事でも、**部下にとっては、それではハードルが高すぎる**のです。部下たちにはそんなゴールは遠すぎて見えないし、人は、見えないゴールに向かって走ることはできません。

そこで、あなたは、プロジェクトの中にいくつもの「スモールゴール」を設け、途中途中で部下たちにテープを切らせてあげるのです。

プロジェクトの大目的を語るだけでなく、部下が直接携わっている仕事が、どこでどういう形で小さなゴールを迎えるのかを明確に示してあげましょう。そして、部下がそこに達したならば大いに褒めてあげましょう。

部下たちをある地点に導きたいとき、**尻を叩いてそこに追い込むのではなく、ゴールにいたる喜びを味わわせる**ことで、自ら次のゴールを目指してもらえるようにしたほうがはるかに得策です。

部下はみんな、仕事ができるようになりたいと思っています。でも、あなたができるようには、まだまだできません。

あなたが部下に与えている仕事をもう一度見直し、その仕事の中にスモールゴールをたくさんつくっていきましょう。そうすれば、部下は道を間違えることなく、自分でペースを配分しながら、最後の大ゴールまでたどり着くことができるでしょう。

現場マネジャーこそ、スモールゴールの設定に適任

スモールゴールの設定は、マネジャークラスが最も力を発揮できる分野です。

社長や経営陣であれば、社全体の業績アップや新規事業を成功させるといった「ビッグゴール」しか目に入りません。そのために、あなたもいろいろ無茶なことを言われているのですよね。でも、プレイングマネジャーとして現場を見ているあなたは、そこにたくさんのスモールゴールがあることがわかるはずです。


たとえば、あなたの部署全体で、今期内に最低四〇件の契約を取るノルマが課されているとしましょう。

メンバーのレベルによって多少の差はあれ、五人のチームなら一人八件平均ですね。

これを、「チームで四〇件」の大ゴールしか設けていなかったら、おそらく誰もが相当

しんどく感じます。ましてや「一人八件」という個人の大ゴールをいきなり押しつけたりしては、潰れる部下が続出します。

そこで、スモールゴールを設定します。

「今月中に、アポだけでもみんなで一〇〇件取ろう」

「〇〇さんは、今週中にとにかく電話を三〇本かけてみて」

こうして、まだ契約にはいたっていないところにもスモールゴールを設定し、それができたら褒め、チームで讃え合います。一件の契約も良い行動の積み重ねがつくることを忘れないでください。

もちろん、契約が取れたときは一件ずつが素晴らしいスモールゴール。四〇件の契約も一件一件の積み重ねです。大いに褒めて達成感を味わってもらってください。

業務の内容によっては、スモールゴールが設定しにくいときもあるかもしれません。そんなときは、チェックリストを見直してみましょう。

チェックリストにある良い行動を計測して、その数によってスモールゴールとしてもいいでしょう。良い行動が繰り返されたなら、間違いなく良い結果が生まれますから。

「感謝上手」な上司になろう

私たちが毎日、一生懸命に働き、会社に望まれる行動を取ろうとするのは、そこに報酬が伴うからです。しかし、この報酬は、お金だけを指しているのではありません。人はお金だけでは動きません。

マネジャーであるあなたは、ボーナスの査定表を書くことはあっても、部下の給料自体を決めることはできないでしょう。それでも、非金銭的な報酬を与えることはできます。

お金以外の報酬で、**どんな部下も間違いなく受け取って喜ぶのは「感謝」**です。

あなたは、上司という立場にあり、プレイングマネジャーとしての激務をこなしています。そして、その役割を支えてくれているのは部下たちです。

あなたのチームの業績を上げてくれるのは、部長でも専務でも社長でもなく、あなたの部下たちです。

そんな部下たちに、普段から、感謝の気持ちをマメに伝えていきましょう。

なにも特別なことを言う必要はありません。

「頑張ってくれてありがとう」

この一言をクセにすればいいだけです。

「そんなこと言わなくても、わかってくれるだろう」は絶対に通用しません。言ってはじめて伝わります。

直接に言うのがなかなか難しいようなら、「サンキューカード」を使ってみましょう。

「資料を早く仕上げてくれてありがとう」

「さっきの電話対応はとても良かったよ」

「今日のフォロー、助かった！」

こんな一言を書き添えて、本人に直接渡したり、机の上に置くなどすればＯＫ。気取った言葉や長文は必要ありません。気楽に書いてください。

ただし、サンキューカードは、普通のメモなどを使うのではなく、できれば、専用のカードを用意し、常に持ち歩くのがコツです。

普段のメモ用紙だと、あなたは照れを感じるかもしれません。しかし、サンキューカード専用の用紙なら、まったく抵抗感なく感謝を書き記すことができるでしょう。

また、感謝の気持ちを書くためだけの専用カードを持っていれば、いやでもそれを使いたくなり感謝のネタを探すことになります。

こうして、**普段からサンキューカードを多用しているうちに、特別な気負いがなくなり、どんどん感謝上手になっていきます。**

私は、自分のセミナーに来てくれた参加者に、メッセージカードを配ることがよくあります。私からのメッセージを書いてあるのではなく、参加者から私にメッセージを書いてもらうのです。

もちろん、手厳しいメッセージもありますが、そこに書かれた感謝の言葉は私を嬉しい気持ちにさせてくれます。

人は金銭だけでは動きません。人から必要とされ、人から感謝されることは、人が行動を起こす最大の理由なのです。

サンキューカード

あらかじめ
専用カードを

↓

4章

部下を伸ばす三つのスキルと四つのツール

最初と最後を明確にする「挨拶の力」
——スキルその1

「いつ始まったんだか、どう終わったんだかよくわからない」

こんな仕事では、あなた自身も全力を傾ける気にはならないはずです。

とくに、上司の指示のもとに動いている部下にとって、始まりと終わりが不明瞭な仕事では、正しく動くことが難しくなります。

一つの仕事においても、一日の仕事においても、あなたは明確な始まりと終わりを示してあげる必要があります。

「この企画はGOになった。○○さんは資料を徹底的に集めてくれ」

「資料集めはこれで終了してOK。あとはこちらでまとめていくよ」

「これから今日の営業活動に出よう。とにかく五件は必ず回ろう」

「五件やったな。今日は終わりにしよう。また明日、出直しだ」

こんなふうに、あなた自身が明確に口にするだけでいいのです。

普段からリーダーがこういう姿勢でいると、自ずと部下たちもメリハリのある行動が取れるようになります。


こうしたメリハリのある職場をつくるために、「挨拶」は非常に重要です。

挨拶はコミュニケーションの基本であるとともに、自分自身とチームへ向けた「合図」でもあるのです。

「おはようございます＝さあ、今日の仕事を始めましょう」

「お疲れ様でした＝さて、今日の仕事を終えましょう」

このくらいのことが明確に言えずに、気分良く仕事を始めたり終えたりできるはずがありません。

ときどき、隣の人が出社してもろくに挨拶もしない暗い雰囲気が漂う職場があります。

これは絶対にリーダーの責任です。上司が元気に挨拶していれば、部下は同じように行動します。上司が不機嫌そうに押し黙って職場に入ってくれば、部下も押し黙るのです。

どちらの文化をつくるかは、すべてあなた次第です。

優先順位より「劣後順位」——スキルその2

やるべき仕事を期日内にこなしていくためには、優先順位を見極めることが必須だと、ほとんどの人が思っています。しかし私は、優先順位より劣後順位こそ重要だと考えています。すなわち「**なにを捨てるか**」**をまず考える**のです。

忙しいあなた自身は当然のこと、部下たちにとっても、「やらなければならない」と感じていることが山ほどあります。

あなたから見れば楽勝に思えることでも、部下たちにとっては、そうではありません。たとえば、一週間で一〇個のことを片づけるのが精一杯の部下にとって、一〇〇個の仕事が見えていると、それだけで慌ててしまい的確な行動が取れなくなります。

「優先順位で考えて、まずは大事な一〇個を片づけろ」

と指導しても、部下はそれに集中できずにいらぬプレッシャーを受けてしまいます。

そんなときは、残りの九〇個には布でもかけて見えないようにし、部下が本当にやるべき一〇個に没頭できる状況をつくらなくてはなりません。そのために、やるべきことを優先させる前に、やらなくていいことを捨てさせるのです。

具体的には、「この一週間はやらなくてもいいこと」「少なくとも今日はやらなくてもいいこと」などを明確にし、やらなくてもいいことは手放させてあげましょう。それによって、部下は「すぐやるべきこと」だけに集中できます。

この手法で仕事を整理していくことは、部下のためだけでなく、あなた自身のセルフマネジメントにも極めて有効です。

たくさんの仕事を抱え込んでいるマネジャーの中には、「忙しい、忙しい」がログセになっている人も多いことでしょう。しかし、毎日ドタバタしていては、自分自身が大変なのはもちろんのこと、部下も安心して仕事に取り組めません。さらには、マネジャーとしての安定した働きを期待している上層部からも、いい評価を得ることができません。

多忙さに潰されない優秀なプレイングマネジャーであるためには、優先順位思考から抜け出して、劣後順位で仕事を整理するのがコツです。

仕事ができるマネジャーは失敗談を話す
——スキルその3

仕事ができる上司は、「自分はできる」と誇示したりしません。ときには自分の失敗談を部下に語り、学びを与えてあげることができます。

「失敗談なんか話したら、部下たちからなめられてしまうのではないか」などという心配は無用です。むしろ、失敗談は積極的に話したほうがいいのです。

なかなか思うように成果を残せないでいる部下たちは、どうしてもセルフイメージが悪くなっています。表面的には元気に振る舞っていても、心の底ではすっかり自信を失っている可能性があります。

いまは、マネジャーとして立派に職責をこなしているあなたも、新人の頃はいろいろヘマもやったはずです。しかし、部下は、あなたのそんな姿を知りませんから、誰でもたくさんの失敗を重ねて成長してきたのだということになかなか思いがいたりません。

だから、ミスをするたびに「自分だけがダメなのだ」と思い込み、萎縮して行動を減らしてしまうのです。

そうではなくて、**上司であるあなたも自分と同じような失敗をしていたのだと知ること**で、彼らは、のびのび動けるようになります。

もう一つ、失敗談を話すことの利点は、部下が行動の劣後順位をつけやすくなるということです。忙しい中で、なにから捨てたいかといったら、失敗につながる行動です。

「なるほど、それをやってはいけないのか」

やるべきこと、やらなくていいことがごちゃごちゃになっている部下たちにとって、「やれば失敗すること」を知ることは大きな収穫です。

部下たちの行動には「よかれと思っていてやっているけれど、実はやらないほうがいいこと」もたくさんあります。それをただ「よけいなことをするな」と注意するのではなく、やればどのような失敗につながるのかを、自分の例で教えてあげましょう。

部下たちにあなたの失敗談を話すことは、あなたの利益にはなっても不利益には絶対になりません。

チャートで現状を示す——ツールその1

あなたには仕事の全体像が見えていても、部下たちはそうではありません。自分なりに仕事を一生懸命やっていても、なかなか到達点が見えないことに、部下たちは不安を抱いています。そこであなたは、部下たちがやっている仕事が、大きな全体像の中でどのような役割を果たし、いま、どこまで来ているのかを示してあげる必要があります。

一〇〇の地点まで行かなくてはその仕事は完成しないとしても、一五、三〇といった途中段階で「いま、ここまで来た」と言ってあげることで、部下は良い行動を続けることができます。それを、一〇〇に達していないからと、「まだまだ先は長いぞ」などと言ってしまうから、部下たちは滅入ってしまうのです。

仕事の進展度合いを示すには、「チャート」を活用しましょう。

第1四半期-売上目標達成チャート

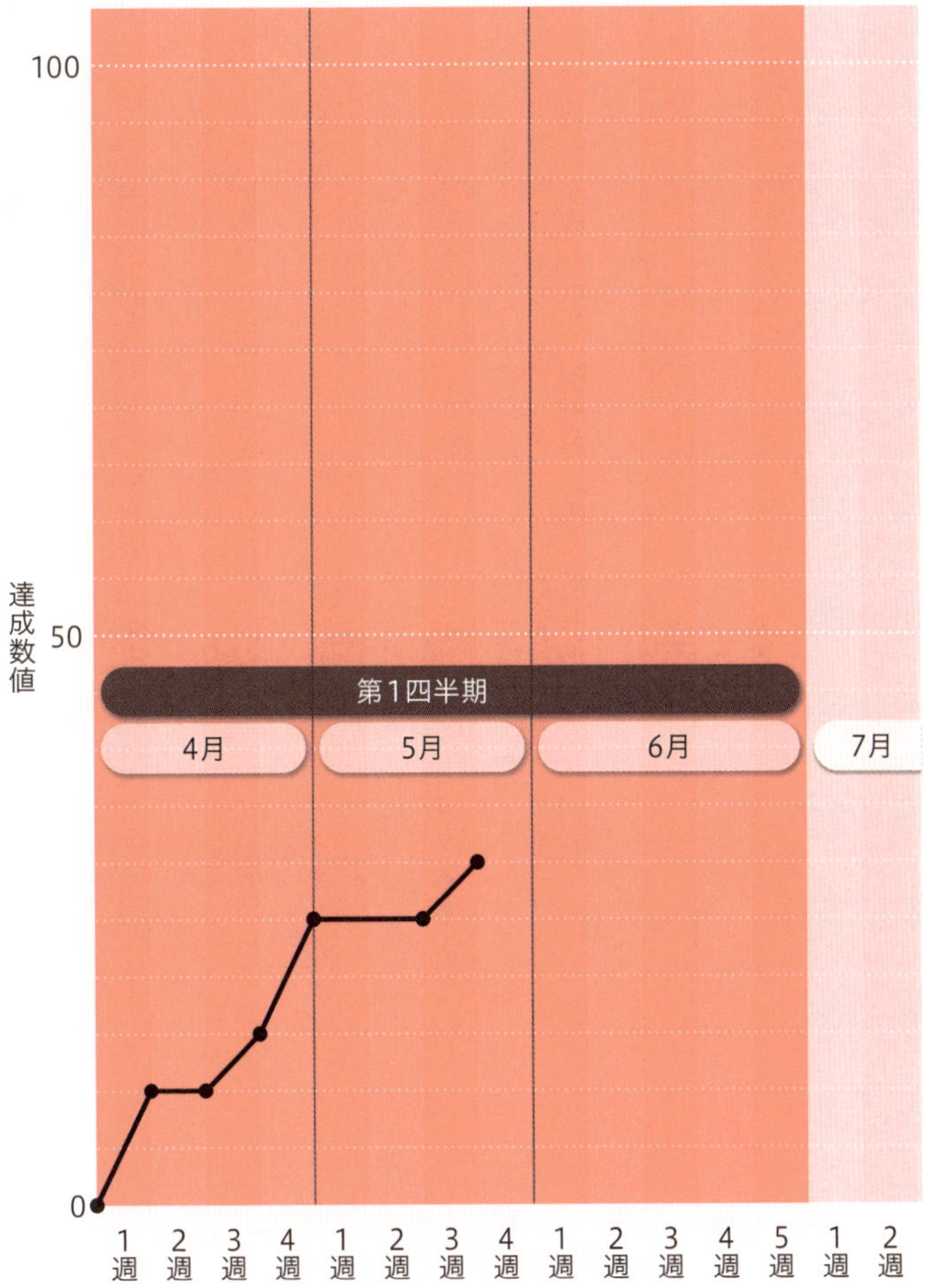

131ページにあるのは、ある営業会社で用いているチャートです。四半期の売上目標を一〇〇として、いま自分たちが、どこまできているのかを見せています。

これによって**確実に目標額に近づいているのがわかる**ため、部下たちも自分たちのやっていることに意義が見いだせ、モチベーションを高く持ち続けることができます。

こうしたチャートを用いることは、部下育成においてのみならず、会社に対して説明を行うときにも有効です。

あなたが業績を上げながらも部下をきちんと育てられるかどうか見ている上層部にとって、それがどこまで進んでいるかわからないから心配が募るのです。わからないから、いらぬ口を挟んであなたをよけいに追い詰めてくるのです。

「いったい、いつになったら結果が出るんだ！」

最大限の努力をしているのに、こんなこと言われたくありませんよね？

そこで、先手必勝。チャートを示しながら「いま、こういう状況にあります」と報告することで、理解が得やすくなります。

上層部が安心して見守ってくれる中でじっくり部下を育てられる環境を、自らつくりだしていきましょう。

積算グラフでモチベーションを上げる——ツールその2

不景気の時代が長く続き、企業はどこも必死に生き残りをかけて戦っています。あなたの会社も、あなた自身も同様でしょう。

では、あなたのビジネスの敵はどこにいるのでしょうか？　もちろん、敵はライバル社であり、あなたの社内にいるのではありません。

社員同士で切磋琢磨することは大いに望まれますが、それは社内に「勝ち負け」をつくることが目的ではありません。**みんなが勝者になって、全体の底上げができてこそ、切磋琢磨した意味があります。**

だから、あなたが、部下個々人の売上や成長度合いをグラフなどで示すとき、部下同士の競争心をいたずらに煽るような手法はとらないほうがいいでしょう。

また、一人ひとりの底上げを考えるなら、グラフは「積算タイプ」のものを多用するようにしましょう。

１３５ページを見てください。上にあるのは、従業員数三〇名ほどの企業が用いている、社員の営業成績を表すグラフです。

新人営業スタッフにとって、一人で取引先を訪問するのは、なかなか気が重い仕事です。そこで、それを行った回数を計測し、積算グラフにして本人に見せています。

この会社では、最初は下のグラフのように、一日ごとの回数を記していました。すると、どうしても、成績の芳しくない社員のあら探しになってしまうのです。

「三日前は五件も回れたのに、昨日、今日と二件ずつしか回っていない。だらけているんじゃないか」

会社はそういう評価をするし、本人も、「自分はダメだ」と思い込んでいきます。

また、成績の良い社員にとっても、大きなプレッシャーになります。毎日、右肩上がりなどできっこないのに、それを求められているような気分になるからです。

実際に、この企業では、成績の良い悪いに関係なく、多くの新人営業マンがどんどん潰れていきました。そこで、相談を受けた我が社が、これを、積算型のグラフに変えてもら

グラフは積算型にする

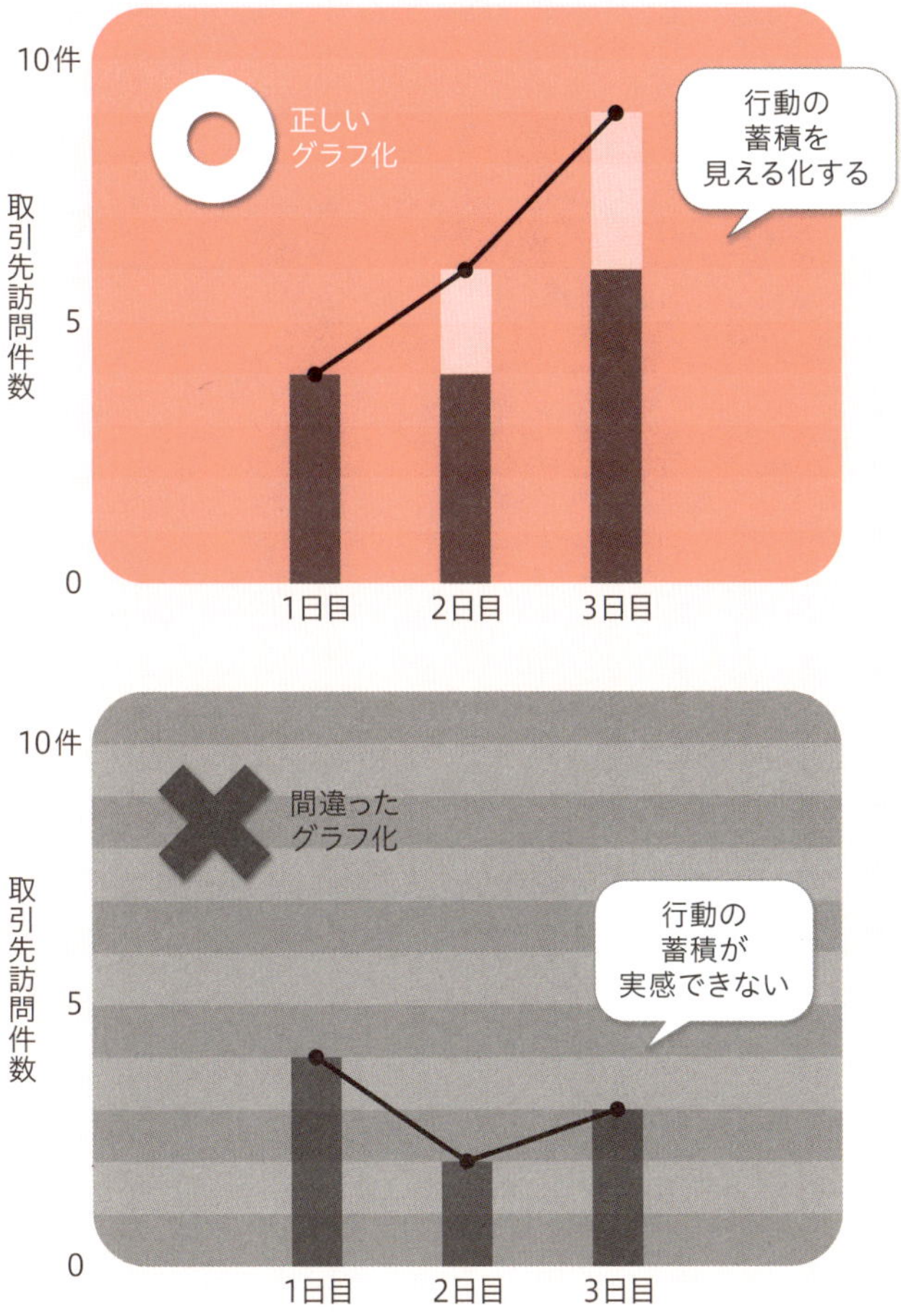
10件
取引先訪問件数
5
0
正しいグラフ化
行動の蓄積を見える化する
1日目
2日目
3日目
10件
取引先訪問件数
5
0
間違ったグラフ化
行動の蓄積が実感できない
1日目
2日目
3日目

うようアドバイスしただけで、事態は好転しました。

積算グラフなら、数字は増える一方で減ることはありません。

「自分はこれだけやってきたんだ」

どの社員も、自分なりに数値が増えていくことで自信を持てるようになり、その回数を積極的に積み重ねていくようになったのです。

それ以来、この会社では、可能な限り積算型のグラフを用いるようになりました。


企業全体としての業績や、部署単位での管理には、積算型は適さない部分もあります。しかし、個々人の成績に絶えず勝ち負けをつけることは得策ではありません。

要は、個々人が良い行動を繰り返してくれればいいのです。

繰り返し述べますが、良い結果は良い行動の集積によってもたらされます。部下に良い行動を繰り返してもらいたいなら、「ダメじゃないか」と言うよりも、「その調子、その調子！」と言える機会を増やしたほうがはるかに効果的です。

あなたが自分の責任範囲でグラフを作成するときには、積算型グラフの力を大いに使ってください。

仕事の時間割をつける
――ツールその3

プレイングマネジャーとして、業績アップも部下の教育も同時進行しなくてはならないあなたは、つねに圧倒的に「時間が足りない」状況だと思います。しかし、どれほど嘆いても時間は増えないのですから、タイムマネジメントを徹底するしかありません。

そんなあなたに、ぜひつけてほしいのが「仕事の時間割」です。

やらなければならない仕事にはどんなものがあるのか。そして、いつまでにどのような形にまとめ上げなければならないのか。それらを細かく分解し、整理して時間割に振っていきましょう。

考えてみれば、小学校の頃からずっと、授業には時間割がありました。その時間割に従って学んだからこそ、一通りの学問が身につきました。これを、時間割を組まずに教師が行き当たりばったりでやっていたら、生徒は大変なことになります。部下たちの教師であるあなたには、誰が見ても理解できる時間割を作成する責務があります。

スケジュール表自体は、あなたも新人の頃から手帳などにつけていたことでしょう。しかし、部下を持ったいまは、自分の仕事だけを考えているわけにはいきません。チームとしての仕事を整理して、部下たちに見せてあげる必要があります。

具体的には、

- **今週やらなくてはならないこと**
- **今週行かなくてはならない場所**
- **今週会わなくてはならない人**

などを、できればチーム全員でピックアップし、そのためにすべき小さな行動も書き出していきます。それを、一週間のスケジュールに落とし込んでいきます。

こうして、月曜日の朝か、前週の金曜日の終わりに、一週間の時間割をつくります。終了したものは潰し、残ったものは、新しい週の時間割に入れ込んでいくことになります。

この方法のいいところは、チーム全体で仕事の進行度合いが把握できるだけでなく、一

チーム全体の仕事時間割（4月1週目）

今週の全体予定表

No	日付	時間	内容
AP1	4/3	10:00	▲▲社との新商品打ち合わせ
AP2	4/3	14:00	□□社との懇親会
W1	4/5	17:00	○○社への提案書最終提出日
W2	4/10	13:00	○○社　社内研修実施日

今週のやるべき仕事

No	内容	期限	担当	進捗	最終提出/実施日
W1	○○社への提案書作成				4/5 17:00
	・具体的な見積を出す	4/4	田中	30%	
	・プレゼン資料としてPPT作成	4/4	田中	20%	
W2	○○社　社内研修（営業向け）				4/10 13:00
	・プレゼン資料としてPPT作成	4/8	西上	40%	
	・会場準備、手配、備品配送	4/2	森	100%	

今週のアポ

No	内容	会う人	担当	場所	日程
AP1	▲▲社との新商品打合わせ ・新商品××についての金額等打ち合わせ	村田様	山下	▲▲社オフィス	4/3 10:00
AP2	□□社との懇親会 ・新商品発表後のお得意様懇親会	山枡様	西島	グランドサカイホテル	4/3 14:00

つの小さな仕事にどのくらいの時間がかかるかが明確に見えてくること。だから、今後の計画に齟齬が起こりにくいのです。

つまり、現実にこなせる仕事の分量がわかり、劣後順位がつけやすくなります。

「あれもやれ、これもやれ」と言われるのは、部下にとって最悪ですが、上司の多くはそういう指示を出します。「まず、最低限これをやれ。それが終わったら次には……」

優先順位とは、たしかに大事なものから並んでいます。しかし、結局、全部並んでいるのです。本当にこなせる分量を考えられてはいません。

一から五くらいのことを示し、その優先順位で仕事をするように部下に指示を出した上司は、結果として、三までしか終わらなければ大いに不満を感じます。

あなたが期待した一から五の仕事の中には、どういうものがあり、誰がいつまでになにをしなければならないのか。それを、時間割に組んでいけば、「とてもじゃないが、全部はできない」とわかり、なにかを捨てていくことになります。

これが劣後順位で考えた仕事の整理法です。こうした作業を週に一度、部下とともに行うことで、チーム全員が極めて見通しのいい仕事ができるようになります。

コミュニケーション回数を測定表に——ツールその４

コミュニケーションの基本は、顔を合わせること、声をかけること。簡単なことですが、実際にあなたは、どの程度それができているでしょう？

コミュニケーションに関する自己評価は非常に曖昧で、ほとんどできていないのに「完璧だ」と思っている人もいれば、かなりいい線いっていても「まだまだだ」と悩んでいる人もいます。

実際には六〇点のコミュニケーションが取れているＨ課長と、三〇点しかとれていないＫ課長。それでも、「Ｈのチームより、うちはずっと雰囲気がいいな」などと、Ｋ課長が思っているケースはままあります。

なぜ、こんなズレが出るのかといったら、**コミュニケーション評価には数値化された基準がない**からです。

「自分はほかの課長たちより、部下に声をかけているほうだ」

など、大ざっぱな思い込みで判断しているにすぎません。


そこで、部下との信頼関係を確実に醸成し、あなたのコミュニケーションスキルをアップするために、数値化した測定表をつくってみましょう。

「今日は何回、顔を見たか？」

「今日は何回、声をかけたか？」

それを部下それぞれについてカウントし、回数が少ない部下には、自分から足を運び、顔を見て声をかけていくのです。

「人と人とのコミュニケーションが、そんなに機械的でいいのか？」

と思われるかもしれませんが、そのくらいでいいのです。

「コミュニケーションを取らなければ……」と構えてしまうから難しくなるのであり、**単純に数値で考え、その数値を増やしていくようにすれば、うんとラクになります。**

朝、顔を合わせて「おはよう」と言ったら、一回とカウントする。エレベーターの中で子どもの話をしたら、一回。

コミュニケーション測定表

測定期間：2012/4/1～4/30

	部下A	部下B	部下C	部下D	部下E
声をかけた（挨拶程度）	3	2	3	1	2
顔を見た	8	6	6	5	6
電話をした	0	1	0	0	1
食事をした	2	0	2	0	0
メールをした	0	0	1	1	0
仕事の話をした	1	2	0	0	1
プライベートの話をした	0	1	0	0	0
褒めた	1	0	0	0	1
叱った	1	0	1	1	1

お互いの相性をあれこれ考えたり、変に相手の気持ちを推し量ろうとするよりも、よほど簡単で確実にコミュニケーションが取れます。

この方法の良いところは、**数値化されるがゆえに、偏りがなくなる**ことです。

私たち人間には、どうしても好き嫌いがあります。あなたが部下に好き嫌いで接しているとは思いませんが、たいていの上司は、無意識のうちに好意を持っている部下に多くの声をかけています。

実際に、私がアドバイスしたクライアントの中にも、測定表にしてみて、はじめて自分の偏りに気づくリーダーがたくさんいました。どの部下にも同等に接していたつもりが、計測してみたら明らかにコミュニケーションの回数が違っていたのです。

こうしたことが度重なれば、ないがしろにされたと感じる部下を傷つけるだけでなく、あなたの上司としての評価も好ましいものになりません。

すべての部下を教育していく責務を担ったあなたは、忙しい中でコミュニケーションの偏りを是正していかなければなりません。それには、単純明快な測定表が思いのほか役立ちます。

5章

人を動かす「褒め方・叱り方」

「褒め・褒められ」ギャップを認識しよう

以前、とても興味深いアンケート結果を目にしたことがあります。

上司に「あなたはどのくらいの頻度で部下を褒めていますか？」と聞いたところ、平均して「一日二回」という答えとなりました。

そして、その人たちの部下に「あなたはどのくらいの頻度で上司に褒められていますか？」と聞いたら、なんと「月に二回」だったというのです。

この数字には、部下を持つあなたは、少なからずショックを受けたのではないでしょうか。月に二〇日仕事をしているとして計算すると、**あなたの「褒めているつもり」は、二〇回に一回しか部下に届いていない**ということになります。

どうして、こんなことになってしまうのでしょう？

いろいろな企業でヒアリングを行うと、多くのマネジャーが「部下をどうやって褒めていいかわからない」と言います。どちらかというと自分たちは厳しく叱られて育っているため、褒める方法がわからないのです。

「難しく考えなくていいんです。なんでもいいから褒めてください」と私がアドバイスすると、「その、なんでもがわからない」という答えが返ってきます。

マネジャーたちのこの悩みは、ゆとり世代が入社してくると顕著になりました。

かつては、会社において部下が上司から直接的な言葉で褒められるということはあまりありませんでした。特別に褒め言葉を使わなくても、なにかプラスになることを言うことが、すなわち褒めることだという認識が上司にあったからです。

「ますます頑張ってくれよ！」

「キミには休んでいるヒマなんかないぞ！」

こんな言葉が出るのは日頃の仕事ぶりを認めているからで、言われた部下も褒められているに等しいのだと理解できました。

また、上司には「甘いこと言ってると本人のためにならない」という思いがあり、あえて厳しいことを言う傾向にありました。そして、厳しいこと言ってくれるのは自分に対して愛情があるからだとわかっていた部下たちは、上司の言葉をプラスに受け止めることができたのです。

しかし、いまの若者はそうした受け止め方をしません。上司としてはポジティブな意味で厳しいことを言っているつもりが、部下からすれば、ひどくネガティブな評価をされているように思えるのです。なぜなら、彼らは、親からも教師からも直接的な言葉で褒められて育ってきました。それなのに、相変わらず上司のほうは、自分が育てられたときと同じ手法を使っていれば乖離が起きるのは当たり前です。

たとえ、あなたと部下の間に年代的なギャップはなかったとしても、いぜんとして上司と部下という「肩書きギャップ」は存在します。立場が上の人に褒められたら、人は嬉しくて頑張ることができますが、逆であったなら、自信喪失してしまうのももっともです。

もし、あなたの会社に、「まず、できないことを指摘する」文化があるなら、「まず、できることを褒める」文化に変えていきましょう。

普段から褒めてくれる上司にならできないところを指摘されたときに、部下は素直に聞くことができます。

部下たちの底上げを図るためにも、もっともっと褒めてあげてください。

すぐにもれなく褒める

私がアドバイスしている企業で、実際にあった話です。

褒めることが重要だと理解した上司が、若い部下を夕食に誘いました。その部下が、前日の取り引き先とのプレゼンを上手にこなしたため、ごちそうしようと考えたのです。

上司は、「ごちそうする」というポジティブな行動にして示しているのだから、それで充分な褒め効果があると考えたようです。しかし、部下は、なんで食事に誘われたのかさっぱりわかりません。それどころか、心配になってきました。

「なんだろう？　わざわざ折り入って話があったのかな？　言いにくいようなことだったんだろうか？」

結局、上司からはなにも言ってこなかったので、もやもやした気持ちのまま帰路につくことになりました。

この上司は、お金と時間を使ったわりには、効果的な褒め方ができなかったわけです。それよりも、プレゼンの帰り道に「よくやった」「上手だった」と言葉かけしてあげたほうが、部下はずっと嬉しかったのではないでしょうか。

上司のほうは、いま自分が部下を褒めている理由をもちろん知っていますが、部下もそうだとは限りません。時間が経てば経つほど、部下はそれを理解できなくなります。

褒めるときは、良い行動を取ったら時間をおかずに「すぐに」がポイントです。できれば六〇秒以内に褒めてください。また、「もれなく」褒めることも重要です。あなたのそのときの気分で、褒めたり褒めなかったりしてはダメ。ましてや、部下によって褒めたり褒めなかったりということをしてはなりません。

大事なのは、あなたの気分でも、部下の性格でもなく、「良い行動が取られた」という事実のみです。その事実に対してきちんと褒める。そうすれば部下たちは、その行動を繰り返してくれるようになります。

96〜97ページで説明した「ＰＳＴ効果」を忘れずに、最も効果的な褒め方を身につけてください。

行動を具体的に褒める

あなたが部下を褒めるのは、部下に対するサービスではありません。

もちろん、気分良く働いてもらうに越したことはないでしょう。しかし、部下をご機嫌にするために褒めるわけではありません。部下の「良い行動」を増やしてもらい、部下を成長させ、あなたのチームの業績を上げるために褒めるのです。

だから、**「良い行動」にフォーカスした、具体的な褒め方**が求められます。

たとえば、プレゼン資料が良くできていたら、「良くできているね」「頑張ったね」などと漠然と褒めるよりも、どこがどういいのかを指摘して褒めることが必要です。

部下のつくった資料は、七割方良くできていたとしても、完璧ではないはずです（完璧なものは誰にもつくることはできません）。それを曖昧に褒めていたら、良いところも、改善の余地があるところも繰り返されてしまいます。

行動科学マネジメントでは、良い結果そのものよりも行動に着目して褒めます。もちろん、良い結果は大歓迎ですが、**その良い結果をつくりだした行動はどういうものだったのかが重要**なのです。

普段あまり良い成績を残せずにいたあなたの部下が、大きな契約を取ってきたとしましょう。その原因として、顧客への訪問タイミングが的確になっていたり、トークが上達したりなど、具体的な良い行動がわかったなら、それを指摘しながら褒めます。こうすることによって本人も、「それを、これからも続ければいいのだ」と理解できます。

ところが、「頑張ったじゃないか」と言われるだけでは、どの行動が良かったのか自分ではわからず、良い行動のみを繰り返すことができません。

ましてや、ひどく無理をしたり、強引な営業に走ったりと、あまり好ましくない手法で一時的に成績を上げたような場合は大問題です。その原因行動を知らずに結果だけで褒めてしまうと、部下はそれを繰り返してしまい、会社全体に悪影響を及ぼしたり、部下自身が潰れていくことになります。

部下の「良い行動」のみを褒めることに徹してください。

「叱ったら辞められそうでなにも言えない」人へ

打たれ弱いゆとり世代を部下に持つと、叱るのが怖くなるという声をよく聞きます。

いまマネジャー職を担っているあなたにしてみれば、上司に叱られるくらいでいちいちへこんでなんていられなかったはずです。あるいは、そもそも叱られるようなヘマをしなかったかもしれません。

ところが、いまの新人世代は、親からも教師からも叱られることが少なく、叱られ慣れていません。叱り方を選ばないと、そこに込められた上司の愛情を理解できず、「自分は全面否定された」と考えてしまいます。

「一度叱ったら、二度と目を合わせてくれなくなった」

「叱った翌日から、会社に出てこなくなった」

部下を叱ったら、こんな笑い話にもならない反応が返ってきたという事例があちこちに転がっています。

しかも、上層部からは「早く部下を育成しろ」と言われているマネジャーにとって、部下に心を閉ざされたり辞められたりするのは、自分自身の評価にも関わってくるのですから、つい弱腰になるのもわかります。


しかし、だからといって、部下に迎合したり、部下の顔色を見るような上司は最悪です。部下たちが求めているのは、納得ができる方法で自分を育ててくれることです。それは、ゆとり世代であっても同様です。

根性論はゴメンだけれど、「事なかれ主義」や「我関せず」の上司に対しても、彼らはひどくがっかりします。部下は、**間違ったことをしても指摘してくれないような上司を信用しません。**そして、そうした上司が与える仕事をなめていきます。

だから、部下が間違ったことをしたとき、あなたは毅然と叱らなくてはなりません。

辞められてしまうことを恐れて、間違ったことをしている部下を叱らずにいたら、本人が潰れてしまうばかりか、正しい行動を取っている部下たちをも失望させます。

「当たり障りのないように……」は、大きな当たり障りを生むのです。

四つ褒めて一つ叱る

部下を正しく伸ばすためには、褒めるだけでなく、ときには叱ることも必要です。部下が間違ったことをしたら、それを叱るのは上司の責務です。

しかし、褒めることをせずに叱るだけでは部下の行動は正しく変わりません。

普段から「良い行動」を取ったときにきちんと褒めてくれる上司が叱るからこそ、「そうか、この行動はいけないのだ」と部下は納得できるのです。

また、叱ることは「望ましくない行動」を「良い行動」に変えてほしいからするのですが、叱られてばかりいると、人は「望ましくない行動」を「良い行動」に変える前に、萎縮して行動自体を取らなくなってしまいます。言ってみれば、「もぬけの殻」になってしまうので注意が必要です。

行動科学マネジメントには「四対一の法則」というのがあり、四つ褒めて一つ叱るくらいの割合がちょうどいいとされています。

とくに、打たれ弱いゆとり世代は、ちょっとしたことで上司が想像する以上にへこんでしまいますから、充分な配慮をもって叱ることが必要になります。

ここで大事なのは、行動に着目するということ。感情的に考えないことです。

「望ましくない行動」を取った人間が悪いのではなく、「望ましくない行動」自体が悪いのだと考えましょう。

どの行動がいけなかったか。
なぜいけなかったか。
その行動をどう変えるべきなのか。

それを上司として、具体的に冷静に伝えてあげましょう。

普段から部下をしっかり見て、「良い行動」を取ったらすかさず確かに褒めることをしている上司のみが、正しく効果的に叱ることができるのです。

結果を叱らず行動を叱る

褒めるときのみならず、叱るときも、結果より行動に着目することが非常に重要です。

結果を叱らずに、行動を叱りましょう。

「まだ、売れないのか」

「今月もノルマ達成できていないじゃないか」

「こんな企画じゃ、通らないのも当たり前だ」

このような叱り方は、すべてNGです。

自分の出したダメな結果について、部下は充分にわかっていて、傷ついているのです。

そこに追い打ちをかけるようなことをしてはいけません。

重ねて述べますが、どんな結果も行動の積み重ねが招いています。**悪い結果が出たのな**

ら、その原因となった行動が繰り返されていたはずです。その原因行動について、一緒に考え、指摘してあげましょう。

「訪問先でのトークがまずいんじゃないか？　ちょっとロープレしてみよう」

「訪問回数が減っているね。月に五〇件は回らなくちゃダメだよ」

「数字が明確な資料を添付しないから、企画に説得力がないんだ」

部下が手を抜いてしまったこと、本当はできたはずなのにやらなかった行動をピックアップし、それを叱るようにしましょう。

こうすることで部下は、具体的に直すべき行動が明確になり、正しく動くことが可能になります。

部下の問題行動を、怒鳴ることもせずに冷静に観察するのは大変なことだと感じるかもしれません。

しかし、口うるさく言っているのに改善されない状況に腹立たしさを抱えるよりも、はるかにいいと思いませんか？　あなたのチームの業績を底上げするためにも、部下とあなた双方の精神状態を良好に保つためにも、やって損はありません。

「事実」を叱り、「人間」を批判しない

部下を持つ立場になったら、「叱る」と「怒る」は大違いだということを、心しておかなければなりません。叱ることは、部下の間違いを正しく直していくための行為ですが、怒ることは、地位にかこつけた感情の爆発にすぎません。

ガミガミ怒鳴り散らすのは、自分の感情コントロールができていない証拠。そういう人は、部下だけでなく誰からもマイナス評価を受けます。

また、やたらと怒る人に限って、個人の人格を否定するようなことを平気で言います。パワハラという言葉が使われる以前は、「バカ」「グズ」「辞めちまえ」など、とんでもないことを口にする上司が日本企業には多くいました。これほどひどくなくとも、自分という「人」に向けられる言葉は、部下から見れば同様に人格攻撃なのです。

「何度言ったらわかるんだ」

「どうしてこんなことができないんだ」

こうした言葉、つい口にしがちですよね。

しかし、これを言っているとき、**「わからない」「できない」という事実ではなく、それをやった人間を批判していることが多い**のです。

マネジャー職の忙しさにイライラして、つい人格攻撃をしないよう気をつけましょう。自分で自分の感情に火をつけてしまうと、どんどんエスカレートしてしまう危険性があります。

また、部下の身だしなみなど、「見た目」について注意を与えるときも慎重でなくてはなりません。社会人としてのマナーを身につけさせるためのアドバイスは大事ですが、言い方によっては部下が深く傷つくことがあります。

「なんか表情が暗いね。もっとにこやかにいけよ」

「その服なんとかしろって。もっとパリッとさ」

上司としては冗談交じりに言ったつもりでも、抽象的な指摘なため、部下は自分という人間全体を否定されたと感じます。

「叱る」と「怒る」は大違い

なんだ、いまの答え方は！
お客様をバカにしてるのか！
ホントに君は人間が軽いな
怒る
叱る
いま、電話で〝はい、はい、はい……〟と繰り返してたよね。
それはお客様が不快に感じるから
〝はい！〟と1回だけ答えるようにしなさい。
僕も昔、先輩に叱られて『〝はい〟を繰り返さない』と
書いた紙を電話の前に貼ってクセを直したんだよ

ここも、その人を攻撃するのではなく、具体的行動に落とし込んで伝えましょう。

「毎朝、三〇秒でいいから鏡の前で笑顔の練習をするといいよ」

「シャツの袖口の汚れって自分では気づきにくいから、出かける前に裏返してチェックするクセをつけるといいよ」

言われたことを、部下がそのまま実行できる形でアドバイスしましょう。

このとき、「自分もそういうことがあった」「自分も上司に指摘されて直した」という一言を添えてあげればベターです。

「僕もなかなか笑顔がつくれなくてさ。上司にアドバイスされて練習したらできるようになったんだよ」

「以前、取引先の重役の前で、自分の袖口が汚れているのに気づいてさ。あのときは恥ずかしかったなあ」

たとえ、つくり話でも、「自分も同じように失敗して、自分も同じように直してきた」と伝えてあげることで、部下はずっと受け入れやすくなるでしょう。

あなたが部下を叱る目的は、部下に正しい行動を取ってもらうこと。それだけです。その目的にフォーカスすれば、いくらでも柔軟に考えられるはずです。

叱ったらフォローする

部下を叱ったあとは、叱りっぱなしにしないということも大事です。フォローを忘れずに入れてください。

以前であれば、叱られたら「なにくそ！」と奮起して強くなっていく部下が多かったのですが、いまはそうではありません。

とくに、ゆとり世代以降の若者は、ストレス耐性がひどく弱いために、一度へこむとへこんだままになってしまいます。彼らはよく言えば素直で、あなたの言葉をそのままに受け取ります。「ダメだ」と言われたら本当にダメだと思ってしまうのです。

なので、あなたの叱責の先には「良いこと」があるというところまで理解させておく必要があります。

「最近、顧客訪問回数が減っているぞ。月に五〇件は回らないとダメじゃないか」

と叱ったなら、そのあとにたとえばこんなフォローを入れてください。

「本来の能力はあるはずだから、それをやればいまに大きな顧客が取れるよ。期待しているからね」

このように、**自分の存在価値を認めてくれるフォロー**があれば、部下はポジティブな気持ちを取り戻せるでしょう。

ただし、フォローの言葉で使ってはならない二つのパターンがあります。

一つは、「キミのためを思って言っているんだ」というもの。

たしかに、その通りなのかもしれませんが、部下からすると押しつけがましいだけでなく、自己弁護に聞こえます。自己弁護に走る上司を、部下は信用しません。だから、こんな一言はかえってよけいなのです。

もう一つは、「本当はこんなうるさいこと言いたくないんだけどさ」というもの。

会社の方針だからしかたなくて叱っているんだという、これまた最悪の自己弁護です。

部下に嫌われたくないからつい口をつくのでしょうが、部下にすれば「じゃあ、言わないでくれ」と思うだけです。

「キミのため」「会社が言うから」という理由で叱るのなら、そこにはあなたの意向は存在しません。部下の目には、あなたは無責任な伝言役と映るでしょう。

褒めることに関しては、「部長も褒めていたよ」「会社にも評価されているよ」という伝言も大いに結構です。しかし、叱るという気の重い作業をするときには、すべて自分の責任で接する姿勢が必要です。

ただでさえ忙しいあなたにとって、気をつかってフォローまでしなくてはならないなら、部下を叱るなどという作業はパスしたくもなるでしょう。私も、多くの部下を育ててきたので、その気持ちはよくわかります。

しかし、叱ることから逃げてはいけません。悪い行動を取ったときに指摘しなければ、部下はその行動を繰り返すようになります。そして習慣にしてしまいます。一度、習慣になったものを変えさせるのは、叱るよりもはるかに大変な作業です。

大事なのは、部下の悪い行動をなくし、良い行動を増やしてもらうこと。そのために、良い行動をとった部下をすかさず褒め、悪い行動が出たときには、その行動を叱ってください。そこに感情をはさむ必要はありません。

6章

チームとして成長していくには？

チームに一体感をつくり出すには?

一口に上司と言っても、会社の規模や置かれた状況によって、部下の人数はさまざまです。しかし、ある一つのチームをまかされていることに違いはありません。

チームとして業績を伸ばしていくためには、メンバー一人ひとりがチームの一員としての自覚を持ち、お互いにフォローし合う姿勢が必要です。それには、一人ひとりにとってチームの一員であることが喜ばしい状況でなくてはなりません。

ところが、実際には職場にギスギスした空気が流れ、メンバー同士がいがみ合ってしまうケースも多いのです。それによって、本来だったら上げられる業績の、かなりの部分を失ってしまうことにもなります。

一生懸命チームをまとめ上げていこうとしているリーダーにしてみれば、つまらないことで足を引っ張り合っている部下は頭痛のタネです。しかし、**その原因を消去できるのは**

リーダーしかいないのです。

多くの企業において、上司と部下個々人の関係は、一本の縦線でつながっています。それによって、部下一人ひとりとの信頼関係は築くことができています。しかし、部下同士にはつなぐ線がありません。一つにまとまっているようで、実はバラバラなのです。

部下たちは、言ってみればライバル同士。そのため、表には出さなくても、精神的にぶつかり合ってもいます。

そこで、上司が不用意に誰か特定の部下ばかりを引き立てるようなことがあると、他の部下たちに与える影響は、上司が想像しているよりもはるかに大きくなります。

かといって、変に気を回しすぎては仕事に支障を来すし、かえってつまらない軋轢を生みます。複数の部下を持つということは、結構大変なことなのです。

あなたは、自分がすべての部下と縦線でつながっていることに満足せず、**横の関係性を良くすることに積極的に取り組む必要**があります。

さまざまな価値観を有する部下たちが、自ら横の関係を大事にし、チームとしての一体感を共有してくれるためには、なにが必要なのでしょうか？

それには、チームで目指しているところを、あなたが自分の言葉で語ることです。

自分たちは、会社においてどういう位置づけにあり、なにを成し遂げることが求められているのか。

そのためには、一人ひとりがなにをすることが必要なのか。

それをすることが、一人ひとりにとってどういう意味を持つのか。

単なる数値目標に終わらない人生と絡めた目標を、真摯に語ることです。

そこでは、仕事の楽しさややりがい、苦しい場面でなにを考えたかといったあなた自身のストーリーも話してください。仕事の手順だけでなく、人が成長していく過程でのさまざまなシーンについて、自分や周囲の事例を交えながら教えてあげましょう。

部下にとって、先輩の経験談を聞くことはなによりの学びになります。

また、自分たちが成長するのはもちろんのこと、「一緒に成長する仲間」として、横のつながりを強くしていくこともできるでしょう。

部下同士の関係は、部下同士だけの問題ではなく、あなたの関与の仕方一つでいかようにも変わるのです。

横にも線を

いまのチームがすべて

あなたと同年代の社員が、あなたと同じような職務にあり、それぞれがチームを率いているような場合、いやでもチーム同士の競争になります。

こうした状況で、あなたを「勝ちリーダー」にしてくれるのは、あなたの部下をおいてほかにありません。

だから、間違っても「あっちの課はできる部下ばかりでいいな」などと思わないこと。隣の芝生が青く見えているだけで、どこも似たり寄ったりなのです。

あなたがすべきは、いまのチームで業績を上げること。どんなチームであっても、そのチームなりの底上げを図ることです。

これまで二〇点しかつけられなかった部下に四〇点を、五〇点だった部下に七〇点をつけられるようにすれば、確実にチームの業績はアップします。

そして、自分の成長を実感した部下は、もっと成長しようとしますから、さらに底上げができて業績は伸び続けます。だから、いまのチームを大事にするに限るのです。

それに、たとえ、できる部下ばかりを集めてみたところで、それが良い結果をもたらすというものでもありません。

できる部下は引く手あまたで、いつほかの会社に移ってしまうかわかりません。できる部下頼みでいると、ある日、突然、稼ぎ頭がいなくなって業績が急降下などということにもなりかねません。しかも、できる部下ばかりでは、それぞれが一匹狼として行動することになり、チームとして機能しなくなります。

プロ野球チームを思い出してください。高い契約金で有名選手を集めているチームが優勝するとは限りません。良いバッターがたくさんいるのに、うまくつなげずにいるケースも多々見受けられるではありませんか。

いろいろなレベルの人間がいてこそ、チームは活性化するのだということを肝に銘じ、全体の底上げを図っていきましょう。

遠回りのようでいて、それが一番の近道なのです。

できる人を上手にマネさせよう

できる部下ばかりでなく、さまざまなレベルの人間が混在しているほうが、チームとして安定するし、メンバーそれぞれの学びも多くなります。

最初から仕事ができる人は、感覚でそれをつかんでおり、自分のスキルをきちんと言語化したことがありません。だから、もし、あなたの部下が**できる人ばかりだった場合、そこには誰が見てもわかる再現性のある方法が存在しない**ということになります。

これは、リーダーとしては歓迎できない事態です。いまは、できる人ばかりのおかげで売上を伸ばしていても、自分のチームに確固たる方法が存在しないのですから、いつ急降下してもおかしくありません。

チームリーダーであるあなたは、今後どんな部下が入ってきても、同じように成果を上げられる明確な方法を築き上げておかなければなりません。そのためにも、できる部下の行動を分解し、ほかの人たちに共通言語化して伝えるという作業が必要なのです。

できる部下のスキルを、ほかのみんなに伝えるというと、できる部下が一方的に損をするように思えるかもしれません。「手間をかけて、手の内を見せて、本人にはなにも得るものがないじゃないか」と。しかし、そうではありません。あなたにも経験があるでしょうが、物事を正しく理解する一番いい方法は、人にそれを説明することです。どんなに難しいことでも、人にわからせようとすることで、自分の理解度が劇的にアップします。

いま、感覚で仕事をしているできる部下は、自分のやり方を客観的に整理できていません。感覚頼みでやっていることは、時代背景が変わると一気に通用しなくなる危険性をはらんでいます。**人に伝える過程で、自分の仕事のやり方を見直し整理しておくこと**は、彼らにとっても得るものは大きいのです。

あなたは、できる部下にそれを伝え、チームのためにスキルを開示してもらうとともに、ほかの部下たちが気持ちよくそこから学べる環境をつくらなければなりません。

横の関係に留意しながら、お互いにスキルを伝え合えるようなチームづくりを目指していきましょう。

個人よりも先にチームを褒める

部下を褒めることの重要性は、これまで何度も述べてきました。

もし、誰かの働きによってあなたのチームが業績を伸ばしたら、当然、その人を褒めなくてはなりませんが、一つ注意してほしいことがあります。

それは、個人を褒める前にチームを褒めなくてはならないということです。

全員が良い結果を出したときはもちろんのこと、たとえ業績向上が一部の部下の手柄であっても、その人だけを褒めずにまずはチームを褒めてください。そのあとに、とくに成績の良かった人を褒めるようにしましょう。

もし、みんなが業績を上げているのに、一人だけダメな部下がいたならば、チームとして褒めたあとで個別にアドバイスを与えるようにしましょう。

できない人は、結果につながるピンポイント行動が取れていないだけのことです。みんなの前で叱責したり、「頑張りが足りない」「たるんでいる」などという精神論をぶつのは御法度です。チームの誰かが「つるし上げ」を食らっているのを見るのは、褒められた人たちにとっても気分がいいものではありません。

もともと、行動科学マネジメントでは、一部の優秀な人間だけに報いるという成果主義を取りません。一人の部下にＭＶＰを与えるのではなく、少しでも成績を伸ばした多くの部下に努力賞を与えたほうが、チーム全体の底上げにつながるからです。

ＭＶＰを設けると、それを受け取るのはいつもだいたい同じ人になってしまいます。また、ＭＶＰを取るほど最初から仕事ができる人間は、そんなものをもらわなくても仕事ができるので、与える意味がないのです。周りから見れば「また、あの人ね」と冷めた気持ちになり、本人も「こんなことされても、とくにどうってことないし……」と思うだけです。できる人間は、自分だけが評価されればいいと考えるほど器が小さくありません。

私は、**中途半端に取り入れた成果主義が、多くの日本企業を弱体化させた**と思っています。チームリーダーとしてすべての部下の底上げを図るべきあなたは、できる部下にばかり報いるという過ちを犯さないでください。

個人同士を競わせない、競わせるならグループ単位で

営業が主体の企業では、個人別の売上高をグラフにして張り出し、競争心をあおる手法がよくとられます。保険の外務員や、自動車のディーラーなど、最初から歩合制の成果主義を望んでいる人たちにとっては、このやり方も歓迎されることでしょう。

しかし、あなたのチームにおいては、個人同士を競わせることはやめておきましょう。説明するまでもないことですが、それをやればチームの一体感は著しく損なわれてしまいます。

競わせる場合は、数人ずつのグループ単位にしましょう。グループ単位であれば、個人の成績不良を攻撃することなく、またゲーム感覚で臨めますから、部下たちのストレスになりません。

ある百貨店のフロア長は、グループで売上を競わせ、優勝したチームにはポケットマネ

ーでごちそうしています。グループ単位だから、部下たちもギスギスせずに積極的に取り組んでくれ、この不況の時代に、フロア全体の売上を伸ばすことに成功しています。

そもそも、個人を競わせるからには、その土台となる条件が同じでなければなりません。しかし、実際には、**まったく同じ条件で競わせることはほとんど不可能**です。

ある企業では、社長が成果主義を導入し、若い社員たちを競わせ、成績に応じた給与を支払うようにしました。すると、業績が悪くて給与を減らされた社員がどんどん辞めていきました。

社長は、「仕事ができない人間が辞めたのだから望むところだ」と思ったようですが、実はとんでもない勘違いでした。

その会社では、社員一人ひとりに担当地区を割り当て営業させていました。しかし、地域によってお客様のニーズに相当な差があり、契約が取りやすい地域と非常に取りにくい地域が存在していたのです。残った社員は、特別に優秀だったわけではなく担当地域に恵まれていただけ。だから、辞めた人間が担当していた地域に回ると、前任者よりも少ない契約しか取れないという結果になりました。

個人を競わせると、チームの雰囲気が悪くなるだけでなく、チームとしての成長戦略そのものがダメになっていく可能性があるのです。

また、特筆しておきたいのは、**自分たちを競わせる上司を、部下は好きにならない**ということです。

これは、競って負けてしまう部下だけでなく、勝てる優秀な部下も同様です。上司の命令で同僚と競って勝ち、上司に褒められたとしても、その優秀な部下は喜ぶとは限りません。むしろ、寒々しい気持ちになるのではないでしょうか？

部下は駒ではなく、心を持った人間です。彼らは、自分の上司をよく観察し、口には出さずともいろいろなことを考えています。

本当に自分たちを育ててくれようとしているのか、それとも自らの成績を上げるために利用しているだけなのか、じっと見ています。

あなたがすべきは、部下一人ひとりの行動に着目し、一人ひとりが良い行動を取れるような環境をつくりあげることです。それをやってくれる上司のもとでなら、どんな部下も確実に良い行動を繰り返してくれるでしょう。

リーダーは、常にオープンに公正に

チームに不協和音が生じるとき、メンバーそれぞれの心の中に不公平感があることが多いものです。複数の部下を持つようになったら、リーダーは常に公明正大を心がけねばなりません。

行動科学マネジメントを活用しようと考えたあなたは、良い行動をとった部下を大いに褒め、ポジティブなフィードバックをすぐに確かに与えていくことでしょう。そのときに、できる限り「オープン」に行うことを心がけてください。

部下たちは、あなたからの評価でしか、自分の置かれた位置を知ることができません。彼らは、**あなたが想像している以上に、あなたの一挙手一投足に敏感に反応します。**

同僚にかけられた言葉が自分にはなければ、それだけで傷つきます。必要のない不安感にも苛まれます。結果的に、考えないでいいことを考え、純粋に仕事に打ち込むことができなくなります。

彼らがこうした心理状態に陥るのは、そこに納得できる理由がないからです。評価の基準が明確に設定されていて、それに沿ってオープンに行われていることならば、安心していられるのです。

常にオープンに公正に。これが、複数の部下を持った上司の取るべき態度です。だから、あなたと部下個々人のコミュニケーションについても、明確な基準に基づいたオープンなものにしておきましょう。

部下一人ひとりの動機付け条件を把握して、個別に対応していくきめ細かさは大事ですが、それは「こそこそ」したものである必要はありません。

たとえば、一対一の面談などを行うときも、前もって日時をきちんと設定し、いつ誰があなたとそれを行うかを、ほかの人たちが明確に把握できる状態にしておきましょう。

自分の知らないところで、こそこそ物事が進んでいくというのは、誰にとってもいいものではありません。いかなることにも明確な基準づくりをし、それをオープンにしていきましょう。

チームでできるコーピング

いま、多くの企業が若い世代のストレス耐性を上げるべく、「コーピング」を取り入れています。

コーピングは、心理的なストレスを低減することを目的とした対処法で、直面する問題を自分の力で解決し乗り越えようとする積極的なものや、問題を避けたり放置して時間が解決するのを待つ消極的なものなど、手法はいろいろあります。

もっとも、こうした専門的な方法を取らなくても、普段からできることでストレス耐性をアップすることができます。

その一つに、「あまり意味を感じられないようなことを毎日ひたすら続ける」というのがあります。たとえば、掃除。「毎朝三〇分、始業前に全社員で掃除をする」などと決めているところが、中小企業には多く見られます。だいたい、社長の号令で行われます。

社員からすると、社長命令だから我慢しているだけで、本当はやりたいことではありません。「掃除なんてしている時間があったら、一つでも多くのものを売らせたらいいじゃないか」というのがホンネです。

しかし、多くの社長は、一見、意味がないことを続けさせると社員のストレス耐性が高くなり、つらいことでもできるようになると知ってやっているのです。

もちろん、マネジャーであるあなたが、部下がいやがることを無理強いしてはいけません。しかし、掃除や片づけなど「面白くないこと」をチームで行い、それを毎日の習慣にするのは悪いことではありません。

どんなに面倒くさいことであっても、リーダー自ら先頭切ってやってみせれば、部下たちもそれなりに続けてくれます。そうしたことを、みんなで毎日黙々とこなしているうちに、一人ひとりのストレス耐性も鍛えられていくでしょう。

要は、**大変なことほどチームでやれば効果的**だということです。

ストレス耐性の弱い部下に悩んでいるなら、それをあなた一人で抱え込まずに、ときにはチームの力で乗り越えていきましょう。

エピローグ

行動科学で自分自身もケアしよう

そもそも自分のことで精一杯！

いわゆる中間管理職であるマネジャーは、幹部社員と若い後輩たちの板挟みになる存在。それは、いつの時代も変わりません。

しかし、いまのマネジャーたちは、板挟みの度合いがこれまでとはかなり違います。

年功序列で出世するのが当たり前だった時代は、若い部下たちも、世代が違う上司たちに自分の未来像を重ね合わせることが容易でした。

ところが、いまはそうではありません。部下たちは、将来の保証のない中で生き残れるスキルを身につけたいと願っています。だから、旧態依然とした指導法では動きません。

もちろん、現場で苦労しているあなたは、そんなことはわかっています。

だからこそ、彼らの価値観を理解し、彼らが主体性を持って動いてくれる方法を探りたいと考えているのです。時間をかけて、部下一人ひとりと向き合って、じっくりと育てていきたいと思っているはずです。

ところが、そうすると、上層部から乱暴なことを言われてしまいます。

「なにをグズグズしているんだ。早く育てて即戦力にしろ！」

加えて、あなたには「業績を上げる」という命題も与えられています。しかも、この不景気の時代に……。

「そもそも、自分のことで手一杯！」

これが、いまの日本企業のマネジャーたちが置かれている現実です。同じ板挟み状態でも、先輩たちの世代とあなたでは、まったく質が変わっているのです。

こうした状況においては、これまで以上にセルフマネジメントが重要になってきます。

部下を育てるのも大切ですが、その前に、**自分自身のマネジメントが適切に行われなければ、どんなに頑張り屋のあなたでも潰れてしまいます。**

行動科学マネジメントの手法を用いれば、セルフマネジメントも科学的に行えます。

「もうダメだ」「やってられない」などと感情的になる前に、いつでも自分と「科学的に」対峙しましょう。

すり減らないために、勉強を続けよう

目の前の仕事に忙しく過ごしていると、気づかぬうちにアウトプットばかりの生活になってしまいます。

いまプレイングマネジャーとして大変な責務を果たしているあなたは、**やがてもっと上のステージに行かなくてはなりません。**そのときのためにも、どんなに忙しくても自分のための勉強は続けてください。

残念ながら日本では、諸外国と比べて働き盛りのビジネスパーソンの勉強量が圧倒的に少なくなっています。かつて日本は高度成長期にあり、勉強しなくても、ただ目の前の仕事だけしていれば出世していきました。しかしそれは、特別に恵まれた条件下のことで、本来、自己成長のために勉強するのは当たり前です。

ますますグローバル化が進む中で、欧米人はもとより猛烈な成長を遂げているアジア諸国のビジネスパーソンと同レベルの勉強をしなければ、取り残されるのは目に見えています。いま、目の前の仕事がどれほど大変でも、自分の将来設計を見失わずに、勉強を日課にしてください。

誰でもすぐに取り組める簡単な勉強法は、定期的に本を読むこと。

通勤電車や寝る前のちょっとした時間を利用して、一日三〇分読書をするだけでも、一年で一八〇時間を超える読書をしたことになります。まったく本を読まないでいたのと一八〇時間も費やしたのでは、インプット量に大きな差がついてきます。

なお、私がすすめる読書はビジネス書に限りません。むしろ、もっと広い範囲の本を読んでください。ビジネス書でしかビジネスについて学べないのではダメ。小説や歴史書などにも、ビジネスのヒントはたくさん隠れています。

いまのあなたがどんなに前向きに働いていても、「すり減っていく」感じがあったら、それは非常に重要なシグナルです。本をたくさん抱えて旅でもしましょう。

普段のアウトプット量を超えるインプットがあってこそ、いい仕事が続けられるのだということを忘れないでください。

自分の仕事を分解して整理しよう

忙しく働くことは私も好きですが、仕事はこちらから追いかけるものであり、仕事に追いかけられてはいけません。

私は、多忙な毎日の中にも、趣味のランニングのための時間は必ず取りますし、夜にはとっとと仕事を切り上げて、友人たちと食事をしたり、ゆっくりと本を読んだりして過ごします。そうしなくては心身の健康が保てないし、そもそも楽しい人生が送れません。

これからさらに重要な仕事をまかされていくことになるあなたは、いまから「仕事の整理」を習慣にしておく必要があります。仕事を整理せずに、「あれもやらなきゃ、これもやらなきゃ」と絶えずせわしない気持ちでいると、本当に大事なことに集中できません。だから結局、大きな結果を残せないまま燃え尽きてしまうことになります。

業績も残しながら部下も育てなければならないあなたが、たくさんの仕事を抱えてしまうのはどうしようもないことです。そうした**仕事をたくさん抱えていることがプレッシャーになるのは、それを漠然と捉えているから**です。

「なんだか、いろいろあって、とうてい間に合わないような気がする」

こうした思いが、あなたをひどく焦らせ疲弊させるのです。

しかし、**どんなに大変な仕事も、小さな行動の積み重ね**に過ぎません。一つひとつの行動に分解してしまえば簡単だし、やることが明確になるので気持ちもスッキリします。

138ページでも触れたように、あなたの仕事を細かい行動に分解して、時間割に落とし込んでいきましょう。

時間割は、部下たちと共有しているもののほかに、自分だけのものをつくるといいでしょう。実際に、あなたにしかできない仕事も多くあるはずですから。

しかし、「あなたにしかできない」を少しでも減らしていくことが、あなたの仕事をラクにし、部下を育てることにつながります。そこで、自分だけの時間割をつくるときに、なにか部下に回せるものがないか探してみましょう。部下に上手に仕事をまかせるためにも、仕事の整理は功を奏します。

仕事は三つに分けて劣後順位で捨てていく

あなたが普段からやっていることの中には、大きく分けて、「やらなければならないこと」「やったほうがいいこと」「やらないでいいこと」の三つが含まれています。

「やらないでいいことなんて、やっていない。そんなヒマはない」と反論されるかもしれませんが、あとから検証してみれば「やる必要はなかった」と思えることが結構あるはずです。その代表格が資料づくり。

「会議で配るために立派な資料をつくったのに、ホワイトボードに記入しながら言葉で説明したほうがはるかに説得力があった」

などという経験が、あなたにもあるでしょう。しかも、そのために費やした時間で本当はもっとやるべきことがあったということが……。

こうしたことは、仕事を整理せずに手当たり次第にやってしまうから起きます。前もって仕事を時間割に落とし込んでいけば、「やったほうがいいだろうけれど、時間を考えればできないこと」が明確にわかります。

案外、難しいのは、「やらなければならないこと」を「やったほうがいいこと」より優先させることです。

だいたいの仕事において、「やらなければならないこと」はやっかいな案件であることが多いものです。それに対して、「やったほうがいいこと」はいろいろあり、手をつけやすい案件もたくさん存在します。そのために、つい、手をつけやすいほうを優先して「仕事をしている」満足感を得ようとしてしまうのです。

もちろん、そのツケはあなた自身に回ってきます。どんなに時間が押していても、「やらなければならないこと」は、なにがあってもやらなければならないのですから。

「やったほうがいいこと」を優先していたために、ギリギリになって「やらなければならないこと」に追い詰められることを防ぐために、劣後順位で「捨てるもの」を先に決め、徹底して仕事を絞り込んでいきましょう。

そのための準備として、一度、自分の仕事を見直してみましょう。

たとえば、先週やった仕事を行動に分解し、全部書き出します。そして、その行動にマーカーで色をつけていきます。


本当にやらなければいけなかったことに赤いマーカーを。

やって良かったと思えることには黄色いマーカーを。

やったものの、やらなくても良かったと思えるものに青いマーカーを。


もっと、いろいろな条件で色分けしていってもかまいません。

いずれにしろ、行動に分解して客観的に眺めてみると、捨てるべきだったもの、捨ててもどうということもなかったものが見えてくるはずです。

こうして、いままで気づかなかった余分な行動やムダな行動をあぶり出し、それらを徹底的に排除していきましょう。

ムダな行動を排除して時間に余裕ができた分、次の仕事を先取りするも良し、自分の勉強に使うも良し。これこそ、部下を率いるマネジャーとしての最も望ましい姿です。

劣後順位で整理する

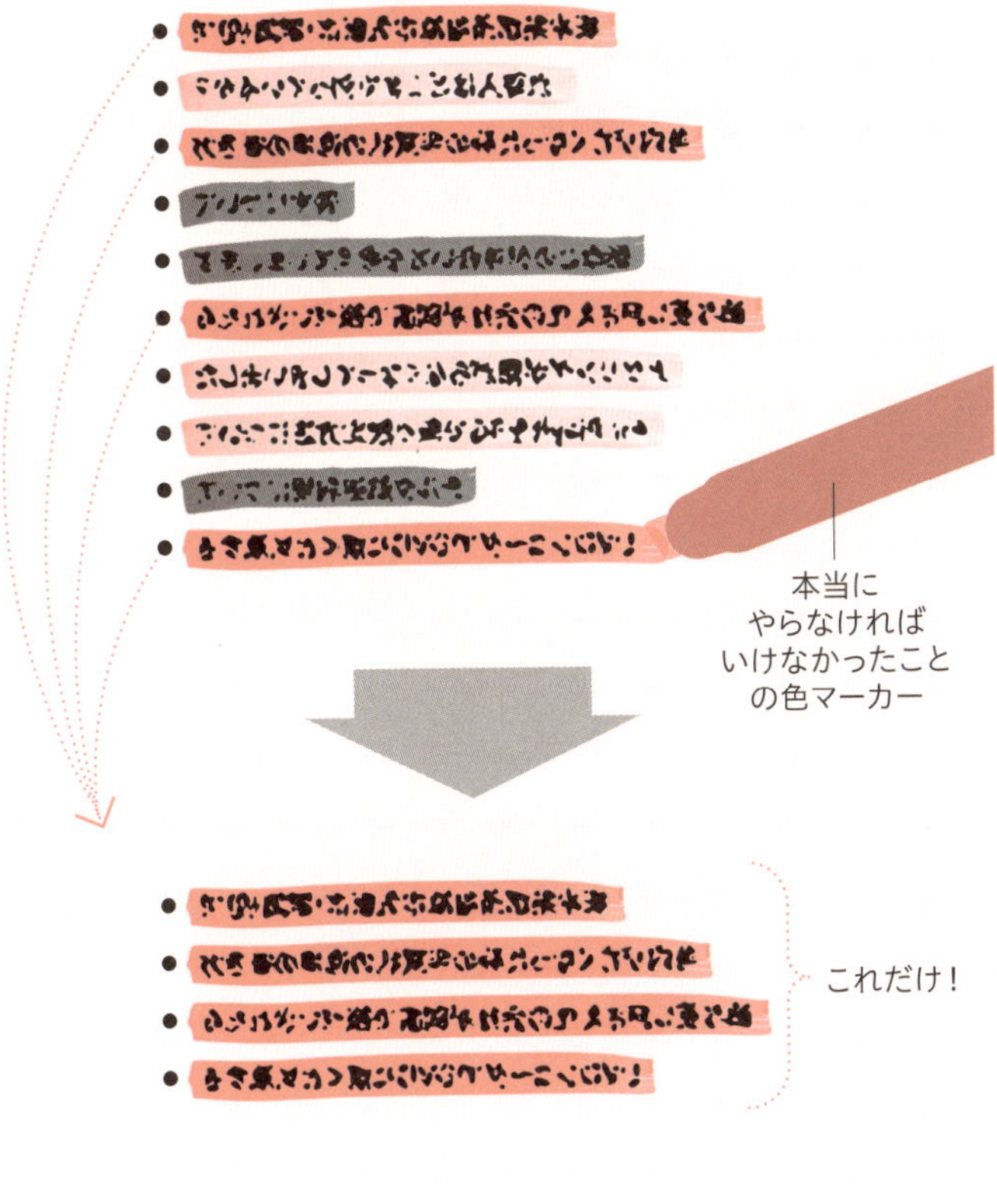
本当に
やらなければ
いけなかったこと
の色マーカー
これだけ！

デスク周りを快適にする、置き場所の定位置化

あなたが毎日、快適に仕事を進めるためには、デスク周りの環境も大切です。

ただでさえ多忙なのに、モノを探すというムダなことに時間を費やしている場合ではありません。それになにより、雑然としたデスクでは集中力も低下します。

まず、いらない資料はどんどん捨てていきましょう。「いつか必要になるかもしれないから」と後生大事にとっておいても、その**「いつか」は永遠にやってきません。**

使わない資料を溜め込んでおくことは、「なんだか、やらなければならないことがたくさんありそう」で、あなたのプレッシャーになるだけです。

また、いつでも整然としたデスクを保つためには、文房具やファイルなど、普段からよく使うものは定位置に戻す習慣が大事です。

どこに置いてあるのが一番使い勝手が良いかを確認したら、そこを定位置と決めましょ

う。場合によっては、目印を残しておいてもいいでしょう。

たとえば、引き出しの中にハサミや定規やスティックのりを入れているなら、その場所にイラストや写真を貼り付けておけば、いつでも定位置に戻せます。


使用頻度が低い道具は、デスク周りに置くのではなく、みんなで共用したほうがすっきりします。一人ひとりが持っている必要のない用具類は、チームごとに管理するようにしましょう。ただし、共有すると、だらしない人の存在によって管理が甘くなることがあります。そんなときも、だらしない人にイライラを向けるのではなく、置き場所の定位置化を徹底できるように、目印をつけておきましょう。

たとえば、ガムテープがあちこちに行ってしまうのであれば、ガムテープを置く位置に「ガムテープ」と書いた紙を貼っておけばいいのです。それだけで、ガムテープは定位置に戻ります。ほかのものも、同様に管理すればＯＫです。

共有物の管理も、リーダーであるあなたが率先して良い行動を示しましょう。もちろん、細かい作業をあなた自らする必要はありません。そのやり方を部下に伝えてください。それによって部下は、行動科学マネジメントの手法を上手に学ぶことができるでしょう。

デスク周りの定位置化

自分にPST効果のご褒美を

前述したように、「PST効果」の高いフィードバックを行うと、人は良い行動を繰り返すようになります。良い行動を取らなければならないのは、部下だけでなくあなたも同様です。だから、こうしたフィードバックは、部下に対してだけでなく、あなた自身にも行っていく必要があります。

日々、**会社の売上に貢献し、部下を育てているあなたも一人の人間**です。良いフィードバックがなくて、良い行動を続けることはできません。自分にも、大いにポジティブなご褒美をあげてください。「いつか、時間ができたらやろう」ではダメです。すぐに、確かに、行ってください。

自分へのご褒美は、どんなものでもかまいません。誰のためでもなく、あなたが心からウキウキできるものを考えてください。最終ゴールにおけるご褒美だけでなく、途中に小さいゴールを設定し、ちょっとしたご褒美をたくさん用意しましょう。

私自身、いつも自分へのご褒美を想定しながら仕事をしています。

「この案件が一段落ついたら、南の島に旅行に行こう」

「問題がクリアできたら、新しいランニングシューズを買おう」

自分に楽しい約束をすることで、よりポジティブに取り組むことができています。


こうした方法で、上手にセルフマネジメントしながら、プレイングマネジャーとしての責務をこなしているうちに、あなたは、さらに大きなご褒美を手にすることになるでしょう。それは、あなた自身の成長です。

日本企業のマネジャー職は、おそらく世界で最も多忙な人たちと言えます。しかも、単に仕事が多いだけでなく、大きなストレスにもさらされています。

しかし、あなたの置かれた状況がいかに過酷なものであっても、行動科学マネジメントの手法を活用することで、その経験を非常に価値あるものにできるはずです。

日々の激務に押しつぶされないで、目の前の仕事にばかり流されないで、スケールの大きな自分を育ててください。

おわりに

二〇〇七年にダイヤモンド社から刊行した『短期間で組織が変わる行動科学マネジメント』は、定期的に版を重ね、多くの人に読まれる結果となりました。しかしながら、同著はどちらかと言えば経営者や役員に向けて書かれたものでした。

ここ数年、「より若いマネジャークラスに向けた行動科学マネジメントの本が欲しい」というリクエストが多く寄せられるようになり、今回、新たに書き下ろしたのが本書です。

部下を育てながらも自身の業績アップも求められるという難しい立場に置かれたマネジャーに、行動科学マネジメントは、寄与するところが大きいと自負しています。

実際に、我が社のセミナーに参加するマネジャークラスも激増していますし、経営者からも「マネジャーたちの悩みを解決してやってくれ」という依頼が後を絶ちません。

そうした中で私は、マネジャーたちからある切実な声を聞くことになります。

「二〇代の部下たちの考えていることがさっぱりわからない」

社員数二〇万人を超えるような大企業から、五〇人程度の小規模企業まであらゆる業態の企業のマネジャーたちと話をさせていただいていますが、業種や企業規模を問わず、これが彼らの共通した悩みなのです。

以前だったら、上司が部下について「わかろう」などとしなくても、問題なく仕事を教えていくことができました。部下は上司よりも若い分、単に仕事について新米なだけだったからです。

しかし、いまは、上司であるマネジャークラスと若い部下の間には大きな溝が生まれていて、マネジャーたちはそれを埋めることができずにいます。

その原因を探るべく、アドバイスしている企業で、ある調査を行ったことがあります。四〇代のマネジャークラスと、二〇代の部下たちに「あなたは親や先生からどのようなことを言われて育ったか」というアンケートに答えてもらったのです。

四〇代のマネジャーたちが書いてきたのは、まさに私自身の持つ記憶と同じようなことでした。

「社会は競争であり、勝たなくてはダメだ」

「一番にならなきゃ意味がない」

「仕事とは厳しいものであり、そこに楽しさなんて求めてはいけない」

「いちいち人から教わろうと思うな。自分で見て考えろ」

しかし、二〇代はまったく違うのです。

「仲良くしなさい」
「人の言うことは聞きなさい」
「人のことを考えて行動しなさい」
「みんなそれぞれオンリーワンなんだから、競争する必要はありません」

二〇代の部下たちが言われてきたことは、マネジャークラスとは、むしろ逆。基本となる価値観がそもそも違うのです。

しかも、「人と揉めずに素直でいること」を求められて育った部下たちは、上司の言うことに対して反論はしません。「はい」「わかりました」と答えます。しかし、それは納得しているのではなく、ただそう言っているだけなのです。

そして、彼らの「はい」「わかりました」を信じていたマネジャーは、そうでなかったことに非常に驚きショックを受けることになります。「部下の考えていることがさっぱりわからない」と。言ってみれば、いまの時代、マネジャーと部下では言葉が通じないのです。

こうした背景にあって、マネジャーはどう部下指導をし、彼らと共に業績を伸ばしていけばいいのか。そこに、お互いの態度や性格といった曖昧な要素を持ち込んでいたら、マネジャーも部下も潰れてしまいます。

誰がやっても同じような結果が出せる、再現性の高い行動科学マネジメントなら、部下たちを変えようとすることなく、自分を押し殺すこともなく、マネジャーの責務を果たしていけます。

本書が悩めるマネジャーたちの救いになり、日本企業の活性化につながれば、これほど嬉しいことはありません。

二〇一三年二月

石田　淳

［著者］
石田　淳（いしだ・じゅん）
社団法人行動科学マネジメント研究所所長。社団法人組織行動セーフティマネジメント協会代表理事。株式会社ウィルPMインターナショナル代表取締役社長兼最高経営責任者。米国行動分析学会 ABAI（Association for Behavior Analysis International）会員。日本行動分析学会会員。日本ペンクラブ会員。日経BP主催『課長塾』講師。
米国のビジネス界で大きな成果を上げる行動分析を基にしたマネジメント手法を日本人に適したものに独自の手法でアレンジ。「行動科学マネジメント」として確立。その実績が認められ、日本で初めて組織行動の安全保持を目的として設立された社団法人組織行動セーフティマネジメント協会代表理事に就任。
趣味はトライアスロン＆マラソン。2012年4月にはサハラ砂漠250kmマラソンに挑戦、完走を果たす。
著書に、『教える技術』『図解・教える技術』（かんき出版）、『会社を辞めるのは「あと1年」待ちなさい！』（マガジンハウス）、『組織が大きく変わる最高の報酬』（日本能率協会マネジメントセンター）、『３日で営業組織が劇的に変わる行動科学マネジメント』（インフォレスト出版）、『組織行動セーフティマネジメント』『短期間で組織が変わる行動科学マネジメント』（ダイヤモンド社）などがある。
株式会社ウィルPMインターナショナルHP：http://www.will-pm.jp/
社団法人組織行動セーフティマネジメント協会HP：http://behavior-based-safety.org/
石田淳ブログhttp://www.will-pm.jp/blog/

８割の「できない人」が「できる人」に変わる！
行動科学マネジメント入門

2013年２月７日　第１刷発行
2013年４月23日　第３刷発行

著　者——石田　淳
発行所——ダイヤモンド社
〒150-8409　東京都渋谷区神宮前6-12-17
http://www.diamond.co.jp/
電話／03·5778·7232（編集）　03·5778·7240（販売）

装丁·図版——斉藤重之
DTP制作——亀井 健（office KING）
編集協力——中村富美枝
製作進行——ダイヤモンド・グラフィック社
印刷————勇進印刷（本文）·慶昌堂印刷（カバー）
製本————本間製本
編集担当——佐藤和子

ISBN 978-4-478-01757-9